TILLE · TANNEBERGER

Fälle und Lösungen zum Polizeigesetz Baden-Württemberg

Fälle und Lösungen zum Polizeigesetz Baden-Württemberg

für die Ausbildung in der Polizei

Dr. Enrico Tille
Professor an der Hochschule für Polizei Baden-Württemberg

Dr. Steffen Tanneberger
Professor an der Hochschule für Polizei Baden-Württemberg

3., aktualisierte Auflage, 2025 des von *Hans Beck* und *Carolin Ryter* begründeten Werkes.

BOORBERG

Bibliografische Information der Deutschen Nationalbibliothek |
Die Deutsche Nationalbibliothek verzeichnet diese Publikation in der Deutschen Nationalbibliografie; detaillierte bibliografische Daten sind im Internet über www.dnb.de abrufbar.

3. Auflage, 2025

ISBN 978-3-415-07715-7

Anfragen gemäß EU-Verordnung über die allgemeine Produktsicherheit (EU) 2023/988 (General Product Safety Regulation – GPSR) richten Sie bitte an: Richard Boorberg Verlag GmbH & Co KG, Produktsicherheit, Scharrstraße 2, 70563 Stuttgart; E-Mail: produktsicherheit@boorberg.de

Titelfoto: © VRD – stock.adobe.com | Satz: abavo GmbH, Nebelhornstraße 8, 86807 Buchloe | Druck und Bindung: cpi books GmbH, Birkstraße 10, 25917 Leck

Richard Boorberg Verlag GmbH & Co KG | Scharrstraße 2 | 70563 Stuttgart
Stuttgart | München | Hannover | Berlin | Weimar | Dresden
www.boorberg.de

Vorwort zur 3. Auflage

Das Verwaltungsrecht – und das Polizeirecht ist ein Teil davon – gehört zu den schwierigsten Rechtsbereichen. Ohne Verständnis der Systematik des Verwaltungsrechts wird es schwerfallen, polizeilich relevante Sachverhalte des Alltags rechtlich auf die anzuwendenden Bestimmungen des Polizei- und Verwaltungsrechts zu übertragen.

Der Polizeivollzugsdienst, dem auch die Auszubildenden angehören, muss darüber hinaus sehr genau die (exklusiv nur dem Polizeivollzugsdienst vorbehaltenen) Maßnahmen des unmittelbaren Zwangs – bis hin zum Schusswaffengebrauch als Ultima Ratio – beherrschen.

Wir haben versucht, die Sachverhalte und Lösungen so anschaulich und transparent wie nur möglich darzustellen, zumal in der fächerübergreifenden Unterrichtung regelmäßig mit dieser Thematik begonnen wird. Das hat uns auch dazu bewogen, die Unterpunkte der Lösungsschemata mit den entsprechenden Ziffern in die Lösung mitaufzunehmen, genauso die im Gesetz enthaltenen Tatbestandsvoraussetzungen, also die gesetzlichen „Merkmale".

Mit zunehmender Routine wird es sicherlich überflüssig werden, diese Überschriften auch in der Klausurbearbeitung zu platzieren. Anfänglich aber sind sie als „Navigation" unverzichtbar.

Wie immer heißt es auch bei diesem Werk: Übung macht den (Polizei-)Meister/die (Polizei-)Meisterin.

Wir wünschen den Leserinnen und Lesern einen größtmöglichen Erkenntnisgewinn beim Lesen der Lektüre, begleitet mit dem hoffentlich oftmaligen Gedankenblitz: „Jetzt habe ich es verstanden!"

Wie immer sind wir für Verbesserungsvorschläge, Anregungen, Kritik und Bewertungen dankbar.

Im Dezember 2024

Enrico Tille
Steffen Tanneberger

Inhaltsverzeichnis

Abkürzungsverzeichnis

APR	Allgemeines Persönlichkeitsrecht
BAK	Blutalkoholkonzentration
BGB	Bürgerliches Gesetzbuch
BGH	Bundesgerichtshof
BPA	Bundespersonalausweis
BtMG	Betäubungsmittelgesetz
BVerfG	Bundesverfassungsgericht
BW	Baden-Württemberg
DGL	Dienstgruppenleiter
d. h.	das heißt
DS	Durchsuchung
DVO	Durchführungsverordnung
GastVO	Verordnung der Landesregierung zur Ausführung des Gaststättengesetzes
GG	Grundgesetz
ggf.	gegebenenfalls
grds.	grundsätzlich
H. d. k. G.	Hilfsmittel der körperlichen Gewalt
HS	Halbsatz
IdF	Identitätsfeststellung
i. R. d.	im Rahmen der/des
i. S. d.	im Sinne des/der
i. V. m.	in Verbindung mit
JuSchG	Jugendschutzgesetz
JVA	Justizvollzugsanstalt
KrWG	Kreislaufwirtschaftsgesetz (Bund)
KV	Körperverletzung
lit.	Buchstabe
LVwVfG	Verwaltungsverfahrensgesetz für Baden-Württemberg
LVwVG	Verwaltungsvollstreckungsgesetz für Baden-Württemberg
o. Ä.	oder Ähnliches
ö. S. o. O.	öffentliche Sicherheit oder Ordnung
PB	Polizeibehörde
PolG	Polizeigesetz (Baden-Württemberg)

PsychKHG	Gesetz über Hilfen und Schutzmaßnahmen bei psychischen Krankheiten
PVD	Polizeivollzugsdienst
RIS	Recht auf informationelle Selbstbestimmung
RSG	Reizstoffsprühgerät
StGB	Strafgesetzbuch
StPO	Strafprozessordnung
SV	Sachverhalt
SWG	Schusswaffengebrauch
TBV	Tatbestandsvoraussetzung
TV	Tatverdächtige
u. U.	unter Umständen
UZW	Unmittelbarer Zwang
VA	Verwaltungsakt
VGH	Verwaltungsgerichtshof
VHM	Verhältnismäßigkeit
VwGO	Verwaltungsgerichtsordnung
VwV	Verwaltungsvorschrift
z. B.	zum Beispiel
ZfP	Zentrum für Psychiatrie
z. N.	zum Nachteil
z. T.	zum Teil

1. Klausurschemata „Allgemeines Polizeirecht"[1]

1.1 Prüfung der Rechtmäßigkeit polizeilicher Primärmaßnahmen

1. **Rechtsgrundlage (zu prüfende Rechtsgrundlage nur nennen)**

2. **Formelle Rechtmäßigkeit der Maßnahme**

2.1 Zuständigkeit

2.1.1 Sachliche Zuständigkeit (Abgrenzung Polizeibehörde – PVD)

- Spezielle Bestimmungen außerhalb oder innerhalb des PolG (z. B. § 1 Abs. 3 GastVO, § 44 Abs. 2 StVO, § 10 GewOZuVO oder §§ 41 Abs. 1, 42 Abs. 1, 44 ff., 65 PolG).
- Allgemeine Regelung in § 105 PolG

2.1.2 Hierarchische Zuständigkeit

- Für die Polizeibehörden liegt nach § 111 Abs. 2 PolG die Zuständigkeit i. d. R. bei den Ortspolizeibehörden (d. h. den Gemeinden, § 107 Abs. 4 S. 1 PolG).
- Beim PVD bestehen insoweit keine Schwierigkeiten.

2.1.3 Örtliche Zuständigkeit der Polizeibehörden (§§ 113 ff. PolG) oder des PVD (§§ 120 f. PolG)

2.2 Verfahren

I. d. R. ist zu prüfen, ob eine Anhörung erfolgte oder ob diese entbehrlich war (§ 28 LVwVfG). Ggf. ist die Heilung eines Formfehlers zu prüfen (§ 45 LVwVfG).

2.3 Form

I. d. R. unproblematisch, da VAe grds. formfrei (§ 37 Abs. 2 S. 1 LVwVfG).

2.4 Erkennbarkeit

---

1 Es gibt für die Prüfung polizeilicher Maßnahmen kein allgemein verbindliches Prüfungsschema. Nicht jeder der hier aufgeführten Punkte muss in allen Fällen geprüft werden. Zudem bedarf es stets fallbezogener Anpassungen.

3. **Materielle Rechtmäßigkeit der Maßnahme**

3.1 Tatbestandsvoraussetzungen und Rechtsfolge der Rechtsgrundlage

3.2 Adressat

- Besondere Adressatenregelungen der Eingriffsnorm (z. B. § 27 Abs. 1 Nr. 2 bis 7 PolG)
- Verhaltensstörer (§ 6 PolG)
- Zustandsstörer (§ 7 PolG)
- Unbeteiligte Personen (§ 9 PolG)

3.3 Grundsatz der Verhältnismäßigkeit (§ 5 PolG)

- Geeignetheit
- Erforderlichkeit (mildestes der **gleichermaßen effektiven** Mittel)
- Verhältnismäßigkeit im engeren Sinne (Angemessenheit)

3.4 Ermessensausübung

- Ermessen besteht i. d. R. hinsichtlich des „Ob“ (Entschließungsermessen), des „Wie“ (Auswahlermessen) und hinsichtlich der Frage gegen wen vorzugehen ist („Störerauswahl“).
- Es dürfen keine Ermessensfehler vorliegen:
  - *Ermessensüberschreitung (Überschreitung der Grenzen des Ermessens)*
  - *Ermessensausfall (Ermessen wird gar nicht ausgeübt)*
  - *Ermessensfehlgebrauch (es werden sachwidrige Erwägungen angestellt)*

1.2 Prüfung der Rechtmäßigkeit polizeilicher Vollstreckungsmaßnahmen

1. **Benennen der Rechtsgrundlage**, etwa:

- bei Ersatzvornahme:

  § 63 Abs. 1 PolG i. V. m. §§ 2, 25 LVwVG
- bei unmittelbarem Zwang:

  §§ 63 Abs. 2, 64ff., 66 Abs. 4 PolG i. V. m. § 2 LVwVG

2. **Formelle Rechtmäßigkeit** der Vollstreckungsmaßnahme

2.1 Sachlich zuständig ist

- bei **Ersatzvornahme**:

  I. d. R. die Behörde, die den VA erlassen hat (§ 4 Abs. 1 LVwVG).

- bei **unmittelbarem Zwang**:

  Der Polizeivollzugsdienst (§§ 63 Abs. 2, 65 PolG)

2.2 Von einer Anhörung kann gem. § 28 Abs. 2 Nr. 5 LVwVfG i. d. R. abgesehen werden.

2.3 Androhung

- bei **Ersatzvornahme**:

  Androhung unter Fristsetzung und Angabe der voraussichtlichen Kosten (§ 63 Abs. 1 PolG i. V. m. § 20 Abs. 1, Abs. 5 LVwVG); ggf. entbehrlich nach § 21 LVwVG.

- bei **unmittelbarem Zwang**:

  Androhung, soweit nach den Umständen möglich (§ 66 Abs. 2 PolG).

3. **Materielle Rechtmäßigkeit**

3.1 Allgemeine Vollstreckungsvoraussetzungen (§ 2 LVwVG)[2]

3.1.1 Vorliegen eines VA i. S. d. § 35 LVwVfG

- Hoheitliche Maßnahme
- Behörde
- Einzelfallregelung
- Gebiet des öffentlichen Rechts
- Außenwirkung

3.1.2 Wirksamkeit des VA

- Wirksamwerden mit Bekanntgabe (§ 43 Abs. 1 LVwVfG i. V. m. § 41 Abs. 1 LVwVfG)
- Bestimmtheit des VA (§ 37 Abs. 1 LVwVfG)

3.1.3 Rechtmäßigkeit des VA nicht Voraussetzung

Die Rechtmäßigkeit der Vollstreckung hat nach der Rspr. des BVerwG nicht die Rechtmäßigkeit der Grundverfügung zur Voraussetzung (vgl. auch § 2 LVwVG, die Rechtmäßigkeit ist dort nicht genannt).

2 Voraussetzung ist weiter, dass der VA zu einer Handlung (ausgenommen einer Geldleistung!), einer Duldung oder Unterlassung verpflichtet (§ 18 LVwVG).

3.1.4 Vollstreckbarkeit des VA: Unanfechtbarkeit (Nr. 1) **oder** Entfallen der aufschiebenden Wirkung (Nr. 2)

3.1.4.1 Unanfechtbarkeit des VA (§ 2 Nr. 1 LVwVG)

Der VA wird unanfechtbar mit Ablauf der Rechtsbehelfsfristen[3] (Bestandskraft) oder mit der Rechtskraft der verwaltungsgerichtlichen Entscheidung.

3.1.4.2 Entfallen der aufschiebenden Wirkung eines Rechtsbehelfs (§ 2 Nr. 2 LVwVG)

- Grundsatz: Rechtsbehelfe haben aufschiebende Wirkung (§ 80 Abs. 1 VwGO).
- Ausnahme: Entfallen der aufschiebenden Wirkung insbesondere nach § 80 Abs. 2 Nr. 2 VwGO (unaufschiebbare Maßnahmen des PVD).

3.2 Auswahl des Zwangsmittels und dessen besondere Rechtmäßigkeitsanforderungen

3.2.1 Auswahl des Zwangsmittels

Liegt eine vertretbare Handlung vor?

- Zwangsgeld, Zwangshaft, Ersatzvornahme[4]

Liegt eine unvertretbare Handlung vor?

- Unmittelbarer Zwang

  Hinweis: Es sind entweder die besonderen Rechtmäßigkeitsanforderungen der Ersatzvornahme (bzw. des Zwangsgeldes oder der Zwangshaft) oder des unmittelbaren Zwangs zu prüfen (einheitlicher Gliederungspunkt: 3.2.2.).

3.2.2 Besondere Rechtmäßigkeitsanforderungen der Ersatzvornahme (§ 63 Abs. 1 PolG i. V. m. §§ 2, 25 LVwVG)

- Begriff der Ersatzvornahme (§ 25 LVwVG)
- Mitteilung der voraussichtlichen Kosten (§ 20 Abs. 5 LVwVG)

---

3 Diese betragen für Widerspruch und Anfechtungsklage im Regelfall einen Monat (§§ 70 Abs. 1 S. 1, 74 Abs. 1 VwGO), bei Fehlen einer zutreffenden Rechtsbehelfsbelehrung ein Jahr (§ 58 Abs. 2 VwGO).

4 Im Folgenden sollen nur die Voraussetzungen der Ersatzvornahme und des unmittelbaren Zwangs dargestellt werden. § 19 Abs. 2 LVwVG bestimmt, dass das Zwangsmittel anzuwenden ist, das den Pflichtigen und die Allgemeinheit voraussichtlich am wenigsten beeinträchtigt.

3.2.3 Besondere Rechtmäßigkeitsanforderungen des UZW (§§ 63 Abs. 2, 66 Abs. 1, Abs. 4 PolG i. V. m. § 2 LVwVG)

3.2.3.1 Begriff: UZW ist jede Einwirkung auf Personen oder Sachen durch einfache körperliche Gewalt, H. d. k. G. oder Waffengebrauch (§ 64 Abs. 1 PolG). Die Mittel des UZW sind in der VwV PolG (Hinweise zu § 50 Abs. 2 PolG) aufgeführt.[5]

- UZW als letztes Mittel (§ 66 Abs. 1 S. 1 PolG)
- UZW vorrangig gegen Sachen (§ 66 Abs. 1 S. 2 PolG)
- Verhältnismäßigkeit (§ 66 Abs. 1 S. 3 PolG)

  Das angewandte Mittel muss nach Art und Maß dem Verhalten, Alter und Zustand des Betroffenen angemessen sein.
- Übermaßverbot (§ 66 Abs. 3 PolG)
- Weitere Anforderungen ergeben sich aus der VwV zu § 52 PolG

3.2.3.3 Besondere Voraussetzungen des Schusswaffengebrauchs (§ 67 PolG)

- Die Voraussetzungen für die Anwendung von UZW müssen vorliegen (§ 67 Abs. 1 S. 1 PolG).
- Einfache körperliche Gewalt, verfügbare H. d. k. G. und Hiebwaffen müssen erfolglos angewandt worden oder ihre Anwendung muss offensichtlich nicht erfolgversprechend sein (§ 67 Abs. 1 S. 1 PolG).
- Schüsse auf Personen nur, wenn der polizeiliche Zweck durch Waffenwirkung gegen Sachen nicht erreichen werden kann (§ 67 Abs. 1 S. 2 PolG).
- Nach § 67 Abs. 2 S. 1 PolG ist der SWG unzulässig, wenn **Unbeteiligte** mit hoher Wahrscheinlichkeit gefährdet werden (Ausnahme: SWG einziges Mittel zur Abwehr einer gegenwärtigen Lebensgefahr, § 67 Abs. 2 S. 2 PolG).
- Weitere Anforderungen an den Schusswaffengebrauch ergeben sich aus der VwV zu § 53 PolG.

3.2.3.4 Besondere zusätzliche Voraussetzungen des Schusswaffengebrauchs gegenüber Personen (§ 68 PolG)

- Es muss einer der in § 68 Abs. 1 PolG genannten alternativen Tatbestände („oder") gegeben sein.
- Abermals erhöhte zusätzliche Voraussetzungen bestehen für den sog. „finalen Rettungsschuss" (§ 68 Abs. 2 PolG).

5 Die VwV PolG wurde noch nicht der Neukodifikation des PolG angepasst. Daher folgt die VwV noch der alten Enumeration.

- Der Schusswaffengebrauch gegenüber einer Menschenmenge richtet sich nach § 68 Abs. 3 PolG.
- Weitere Anforderungen an den Schusswaffengebrauch gegenüber Personen ergeben sich aus der VwV zu § 54 PolG.

3.2.4 Abschließende Prüfung der Verhältnismäßigkeit (§ 5 PolG)

1.3 Prüfung der Rechtmäßigkeit der unmittelbaren Ausführung nach § 8 Abs. 1 PolG

1. **Rechtsgrundlage ist § 8 Abs. 1 PolG i. V. m. der Rechtsgrundlage einer „hypothetischen Grundverfügung“**

2. **Voraussetzungen des § 8 Abs. 1 S. 1 PolG**

2.1 Der polizeiliche Zweck darf nicht oder nicht rechtzeitig durch Maßnahmen gegen die in den §§ 6, 7 PolG bezeichneten Personen erreicht werden können (§ 8 Abs. 1 S. 1 PolG).

2.2 Insbesondere darf kein wirksamer VA („Grundverfügung“) vorliegen oder möglich sein: Das ist insbesondere der Fall, wenn ein VA wegen Abwesenheit des Betroffenen nicht zugehen kann: §§ 41, 43 Abs. 1 LVwVfG.

3. **Es müssen die Voraussetzungen einer „hypothetischen Grundverfügung“ vorliegen.**

Zu Fragen ist: Lägen die Voraussetzungen für den Erlass eines entsprechenden VA vor? Es ist nach dem Schema unter 1.1. („Prüfung der Rechtmäßigkeit polizeilicher Primärmaßnahmen“) die Rechtmäßigkeit eines gedachten VA durchzuführen:

3.1 Rechtsgrundlage

3.2 Formelle Rechtmäßigkeit

3.3 Materielle Rechtmäßigkeit

2. Klausuren für den Basiskurs

Fall 1
Polizeiliche Generalklausel – §§ 1, 3 PolG

Sachverhalt

Als die Polizeibeamten A und B an einem Samstag im August gegen 23 Uhr Streife fuhren, erhielten sie den Auftrag, an die Fahrradbrücke in Konstanz zu fahren. Dort sollten sich mehrere Jugendliche aufhalten und Flaschen auf den Fahrradweg geworfen haben. (Hinweis: Dies stellt eine Ordnungswidrigkeit dar.)

Vor Ort trafen A und B drei Jugendliche, alle im Alter von 16 oder 17 Jahren, an. Es bestätigte sich, dass diese die Glasflaschen geworfen hatten, die nun in Scherben auf dem Fahrradweg lagen. Die Beamten stellten die Personalien der drei Jugendlichen fest und wiesen diese an, die Scherben zusammenzufegen und in den nahe gelegenen Altglascontainer zu werfen. Besen und Kehrschaufel stellten die Beamten zur Verfügung.

Aufgabe

Erläutern und begründen Sie sachverhaltsbezogen die materielle Rechtmäßigkeit der Anweisung an die Jugendlichen, die Scherben zu beseitigen. Gehen Sie nur auf die Tatbestandsvoraussetzungen ein.

Lösungsvorschlag

3. Materielle Rechtmäßigkeit
3.1 Tatbestandsvoraussetzungen und Rechtsfolge der Rechtsgrundlage

▶ **Öffentliche Sicherheit**

Die öffentliche Sicherheit umfasst die gesamte Rechtsordnung, die individuellen Rechte (z. B. Gesundheit und Eigentum) sowie die Einrichtungen und Veranstaltungen des Staates. Dem Schutzgut Rechtsordnung kommt die größte Bedeutung zu, weil es die anderen Schutzgüter weitgehend umfasst und konkrete Maßstäbe enthält.

Laut Sachverhalt war eine Ordnungswidrigkeit gegeben. Der Ordnungswidrigkeitentatbestand ist Teil der gesamten Rechtsordnung und damit Schutzgut der öffentlichen Sicherheit. Außerdem hätten die Glassplitter Gesundheit und Eigentum – also individuelle Rechte – der Benutzer des Fußweges beeinträchtigen können. Das Schutzgut öffentliche Sicherheit ist daher betroffen.

- **Gefahr**

Gefahr ist eine Sachlage, die bei ungehindertem Geschehensablauf in absehbarer Zeit und mit hinreichender Wahrscheinlichkeit den Eintritt eines Schadens an einem polizeilichen Schutzgut befürchten lässt, sofern nicht alsbald Abwehrmaßnahmen getroffen werden.

Hinsichtlich der Ordnungswidrigkeit war das Gefahrenstadium bereits überschritten, weshalb keine Gefahr (mehr) vorliegt.

Allerdings war zu besorgen, dass ohne die Beseitigung der Scherben in nächster Zeit die Reifen von Fahrrädern beschädigt werden würden. Insbesondere war davon auszugehen, dass die Fahrradbrücke in der Sommernacht am Samstagabend stark frequentiert sein würde. Nicht auszuschließen war auch, dass Fahrradfahrer den Scherben ausweichen und dabei stürzen würden. Damit bestand eine Gefahr für die individuellen Schutzgüter Eigentum und Gesundheit.

- **Störung**

Eine Störung liegt vor, wenn ein Schaden an einem Schutzgut der ö. S. o. O. eingetreten ist.

Laut Sachverhalt verwirklichte das Zerschlagen der Flaschen einen Ordnungswidrigkeitentatbestand, was einen Verstoß gegen die Rechtsordnung begründete. Allerdings waren die Flaschen bei Eintreffen der Beamten schon zerstört, weshalb die Ordnungswidrigkeit bereits beendet sein könnte. In diesem Fall läge kein Verstoß gegen die Rechtsordnung als Schutzgut der öffentlichen Sicherheit (mehr) vor. Allerdings wird man davon ausgehen müssen, dass das Verbot, Glasflaschen zu zerschlagen, auch das Gebot enthält, die Scherben zu beseitigen. Gegen diese Pflicht verstießen die Jugendlichen aber fortlaufend, weshalb durchaus von einer Störung der öffentlichen Sicherheit ausgegangen werden konnte.

- **Öffentliches Interesse**

Dem Tatbestandsmerkmal „öffentliches Interesse“ (§ 1 Abs. 1 S. 1 PolG) kommt nur geringe Bedeutung zu. Wenn die Voraussetzungen der §§ 1, 3

PolG im Übrigen vorliegen, wird das öffentliche Interesse in aller Regel gegeben sein. Nur bei ganz geringfügigen Beeinträchtigungen der ö. S. o. O. mag ein Einschreiten nicht im öffentlichen Interesse liegen.

Die Gefahr bzw. Störung der öffentlichen Sicherheit indiziert, dass ein Einschreiten im öffentlichen Interesse liegt. Auch handelte es sich vorliegend keinesfalls um geringfügige Gefahren für die öffentliche Sicherheit. Dagegen spricht bereits, dass ernsthafte Beeinträchtigungen der körperlichen Unversehrtheit zu befürchten waren.

Ergebnis

Die Tatbestandsvoraussetzungen für das Einschreiten gegen die Jugendlichen auf der Grundlage der §§ 1, 3 PolG lagen vor.

Merke

Gibt es eine spezielle Ermächtigungsgrundlage, so hat diese Vorrang vor der allgemeinen Ermächtigungsgrundlage. Es gilt daher folgende **Abstufung**:

- Spezialermächtigungen außerhalb des PolG
- Spezialermächtigung innerhalb des PolG
- Generalermächtigung

Merke

Die ö. S. o. O. ist vor der Gefahr zu prüfen. Denn die Gefahr bezieht sich auf die polizeilichen Schutzgüter. Erst wer die Schutzgüter definiert hat, kann dazu Stellung nehmen, ob für diese eine Gefahr besteht.

Hinweis

Auf die öffentliche Ordnung ist nicht einzugehen, wenn bereits die öffentliche Sicherheit betroffen ist. Die Definition der ö. S. o. O., ebenso die Definition der Gefahr muss unbedingt beherrscht und in der Klausur grds. dargelegt werden.

Fall 2
Generalermächtigung – §§ 1, 3 PolG

Sachverhalt

Die Polizeibeamten A und B fuhren am Vatertag gegen 20.45 Uhr Streife im Stadtgebiet von Ravensburg. Vor einer Kneipe fiel ihnen ein Mann (C) auf, der offensichtlich betrunken vom Biergarten in Richtung eines Pkw torkelte. Als die Beamten ihr Dienstfahrzeug gewendet hatten und auf den Parkplatz der Kneipe einbogen, saß C bereits in dem Pkw und war im Begriff, sich anzuschnallen. Die Fahrertür war noch immer geöffnet.

Als A und B den Pkw erreichten, versuchte der völlig betrunkene C immer noch, die Schlosszunge in das Gurtschloss zu schieben. Den Pkw-Schlüssel hatte er bereits in das Zündschloss gesteckt und der Motor lief. Daraufhin untersagten die Beamten dem Mann die Fahrt und beschlagnahmten den Autoschlüssel.

Aufgabe

Prüfen Sie, ob die Untersagung der Fahrt materiell rechtmäßig war. Gehen Sie hierbei nur auf die Tatbestandsvoraussetzungen ein.

Lösungsvorschlag

3. Materielle Rechtmäßigkeit

3.1 Prüfung Tatbestandsvoraussetzungen

- **Öffentliche Sicherheit**

  Die öffentliche Sicherheit umfasst die gesamte Rechtsordnung, die individuellen Rechte (z. B. Gesundheit und Eigentum) sowie die Einrichtungen und Veranstaltungen des Staates.

  Trunkenheit im Verkehr stellt eine Straftat dar (§ 316 StGB). Dass der C betrunken ist, kann nach den äußeren Umständen ohne Weiteres angenommen werden. § 316 StGB ist als Teil der Rechtsordnung Schutzgut der öffentlichen Sicherheit.

  Die öffentliche Sicherheit umfasst weiter Individualrechtsgüter wie Leben, Gesundheit oder Eigentum. Diese wären bei einem Verkehrsunfall betroffen.

- **Gefahr**

  Gefahr ist eine Sachlage, die bei ungehindertem Geschehensablauf in absehbarer Zeit und mit hinreichender Wahrscheinlichkeit den Eintritt eines Schadens an einem polizeilichen Schutzgut befürchten lässt, sofern nicht alsbald Abwehrmaßnahmen getroffen werden.

  C hatte bereits den Motor gestartet. Sobald er sich – was nur eine Frage von Minuten hätte sein können – angeschnallt und die Fahrertüre geschlossen haben würde, hätte er mit sehr hoher Wahrscheinlichkeit seine Trunkenheitsfahrt (§ 316 StGB) begonnen. Eine Gefahr für das Schutzgut der Rechtsordnung und damit für die öffentliche Sicherheit ist somit gegeben.

  Eine Trunkenheitsfahrt des C hätte jederzeit und mit recht hoher Wahrscheinlichkeit in einem Unfall enden können, sofern ihm der Fahrtantritt nicht untersagt worden wäre. Da die Trunkenheitsfahrt, wie bereits dargetan, unmittelbar bevorsteht, liegt eine Gefahr für die Individualrechtsgüter Leben, Gesundheit und Eigentum vor.

- **Störung**

  Eine Störung liegt vor, wenn ein Schaden an einem Schutzgut der ö. S. o. O. eingetreten ist.

  Der Tatbestand des § 316 StGB ist nicht verwirklicht: Solange das Fahrzeug nicht in Bewegung gesetzt wird, ist das Tatbestandsmerkmal „Führen" nicht gegeben. Da der Versuch des § 316 StGB nicht strafbar ist, ist kein Verstoß gegen die Rechtsordnung erkennbar. Individualrechtsgüter sind nicht verletzt worden. Eine Störung liegt damit nicht vor.

- **Öffentliches Interesse**

  Wenn die Voraussetzungen der §§ 1, 3 PolG im Übrigen vorliegen, wird das öffentliche Interesse in aller Regel gegeben sein. Nur bei ganz geringfügigen Beeinträchtigungen der ö. S. o. O. mag ein Einschreiten nicht im öffentlichen Interesse liegen.

  Das Vorliegen einer Gefahr für die öffentliche Sicherheit indiziert das öffentliche Interesse an der Gefahrenabwehr. Der Sachverhalt gibt nichts dafür her, dass von diesem Grundsatz ausnahmsweise abzuweichen wäre. Ganz im Gegenteil besteht an der Sicherheit des öffentlichen Straßenverkehrs ein großes öffentliches Interesse.

Ergebnis

Die Tatbestandsvoraussetzungen für ein Einschreiten gegen den C auf der Grundlage der §§ 1, 3 PolG liegen vor.

Fall 3
Generalermächtigung – §§ 1, 3 PolG: das Schutzgut der öffentlichen Ordnung

Die Polizeibeamten A und B laufen Streife in der Innenstadt. Dort fällt ihnen eine Gruppe bettelnder Frauen auf, die vorbeigehende Passanten umschwärmen und verfolgen, während sie flehentlich um eine Geldspende bitten. A und B sprechen die Frauen an und untersagen ihnen die beschriebenen Verhaltensweisen. Wenn sie schon betteln wollten, so sei dies nur still und ohne Ansprache der Passanten erlaubt.

Aufgabe

Prüfen Sie, ob die Untersagung des aggressiven Bettelns im Sachverhalt materiell rechtmäßig war. Gehen Sie hierbei nur auf die Tatbestandsvoraussetzungen ein.

Lösungsvorschlag

3. Materielle Rechtmäßigkeit

3.1 Prüfung Tatbestandsvoraussetzungen

Die §§ 1, 3 PolG setzen eine Gefahr für die ö. S. o. O. voraus. An die Stelle der Gefahr kann auch eine Störung der ö. S. o. O. treten. Dies lässt sich damit begründen, dass eine gegenwärtige Störung zugleich eine Gefahr für die Zukunft impliziert. Hinsichtlich der Tatbestandsmerkmale Gefahr, Störung und öffentliche Sicherheit wird auf die Ausführungen bei den Fällen 1 und 2 verwiesen. Einzugehen ist auf die öffentliche Ordnung. Diese umfasst sämtliche Regeln, deren Befolgung nach den herrschenden sittlichen Anschauungen als unerlässliche Voraussetzung für ein geordnetes menschliches Zusammenleben angesehen wird. Geschützt werden damit sittliche oder soziale Normen, nicht – wie bei der öffentlichen Sicherheit – Rechtsnormen.

Zu fragen ist, ob die Voraussetzungen der §§ 1, 3 PolG gegeben sind. Voraussetzung ist eine Gefahr (Störung) der ö. S. o. O. Die öffentliche Sicherheit ist nicht betroffen, weil das aggressive Betteln nicht gegen Rechtsnormen verstößt; auch Individualrechtsgüter[6], erst recht Einrichtungen und

6 In besonders drastischen Fällen mag man von einem Eingriff in das APR der betroffenen Passanten ausgehen können. Das aggressive Betteln wird in Rspr. und Lit. aber regelmäßig beim Tatbestandsmerkmal der ö. O. abgehandelt.

Veranstaltungen des Staates, sind nicht tangiert. Denkbar erscheint jedoch ein Verstoß gegen die öffentliche Ordnung, also gegen die sozialen Regeln, deren Befolgung nach den herrschenden Anschauungen als unerlässliche Voraussetzung für ein geordnetes menschliches Zusammenleben angesehen wird. Mit den sittlichen Anschauungen unserer Zeit ist aggressives Betteln nicht zu vereinbaren, weil es die betroffenen Personen beschämt und Verärgerung auslöst. Dies umso mehr, als in einem ausgebauten Sozialstaat allen Menschen eine Grundversorgung auf hohem Niveau gewährleistet wird. Die sittliche Ablehnung aggressiven Bettelns dient auch einem geordneten menschlichen Zusammenleben, ja sie ist eine unerlässliche Voraussetzung hierfür. Denn aggressives Betteln kann Abwehrreaktionen bei den Betroffenen auslösen und damit zu – möglicherweise auch körperlichen – Auseinandersetzungen führen. Auch steht zu befürchten, dass die Etablierung des aggressiven Bettelns Straftaten, etwa Nötigungen, Vorschub leistet. Da die Frauen bei Begehung des aggressiven Bettelns angetroffen werden, ist eine Störung der öffentlichen Sicherheit gegeben.

Ergebnis

Die tatbestandlichen Voraussetzungen der §§ 1, 3 PolG für das gegenüber den Frauen verfügte Verbot des aggressiven Bettelns lagen vor.

Hinweise:

1. Der öffentlichen Ordnung kommt in der Praxis aus verschiedenen Gründen nur noch geringe Bedeutung zu. Zunächst unterlagen die Sittlichkeitsnormen einer weitreichenden Liberalisierung. Ehedem abgelehntes Verhalten wird heute in weitem Umfang akzeptiert (etwa Obdachlosigkeit, sog. „Peepshows", Kriegsspiele, das Zusammenleben unverheirateter Paare oder die Tätigkeit sog. „Sexshops"). Auch entspricht es einem freiheitlichen Rechtsstaat nicht, Einzelnen die sittlichen Anschauungen der Mehrheit aufzuzwingen. Üben Sie daher im Umgang mit der öffentlichen Ordnung große Zurückhaltung; es ist nicht die Aufgabe der Polizei, die Bürgerinnen und Bürger zu einem sittsamen oder „moralischen" Handeln zu erziehen. Die Einhaltung der Sittlichkeitsnormen muss „unerlässlich" sein!
2. Beispiele für Verstöße gegen die öffentliche Ordnung lassen sich heute kaum noch finden. Neben dem aggressiven Betteln mag die öffentliche Ordnung auch verletzt sein, wenn (etwa bei Demonstrationen) mit den Riten und der Symbolik des Nationalsozialismus umgegangen wird, ohne dass bereits der Straftatbestand des § 86a StGB verwirklicht ist.
3. Das sog. stille, also passive Betteln verstößt nicht gegen die öffentliche Ordnung.

Fall 4
Generalermächtigung – §§ 1, 3 PolG: Anscheinsgefahr

Sachverhalt

Bei der Polizeibehörde geht ein Anruf der aufgewühlten A ein: „Ich kümmere mich schon lange um die Rosi, sie ist ja schon 91 Jahre alt. Wir telefonieren mindestens einmal pro Tag, oder ich schaue bei ihr vorbei, weil sie in der Wohnung über mir wohnt. Sie verlässt das Haus nicht, ohne es mir vorher zu sagen. Seit drei Tagen erreiche ich sie nicht mehr am Telefon und sie öffnet auch nicht, wenn ich klingele. Jetzt habe ich Angst, dass Rosi etwas zugestoßen ist und sie hilflos in ihrer Wohnung liegt. Der Bruder der Rosi (B) wohnt auch im Haus und hat einen Schlüssel zur Wohnung. Er will die Türe aber nicht aufschließen, weil er in ‚den natürlichen Lauf der Dinge‘ nicht eingreifen möchte!“. Die Mitarbeiterinnen C und D der Polizeibehörde machen sich vor Ort ein Bild von der Lage und verpflichten sodann den B, die Wohnungstür der Rosi zu öffnen. Doch Rosi ist nicht zu Hause. Später stellt sich heraus, dass sie überraschend von ihrer Tochter abgeholt worden war und man eine Woche Ferien im Schwarzwald genossen hatte. Vor Aufregung hatte es die leicht demente Rosi vergessen, der A Bescheid zu geben.

Aufgabe

Lagen hinsichtlich der Anweisung an B, die Türe der Rosi zu öffnen, die tatbestandlichen Voraussetzungen der §§ 1, 3 PolG vor?

Lösungsmöglichkeit

3. Materielle Rechtmäßigkeit

3.1. Prüfung der Tatbestandsvoraussetzungen der §§ 1, 3 PolG

Die Voraussetzungen der polizeilichen Generalklausel wurden i.R.d. vorstehenden Fälle bereits ausgeführt. Dabei wurde die Gefahr als eine Sachlage definiert, die bei ungehindertem Geschehensablauf in absehbarer Zeit und mit hinreichender Wahrscheinlichkeit den Eintritt eines Schadens an einem polizeilichen Schutzgut befürchten lässt, sofern nicht alsbald Abwehrmaßnahmen getroffen werden. Das Problem des Falles ist, dass sich der Sachverhalt vor dem Tätigwerden der Behördenmitarbeiter („ex ante“) anders darstellte als nach dem Tätigwerden („ex post“). Da die „Gefahr“ bereits begrifflich eine Prognose der Zukunft beinhaltet, ist nach zutreffender Auffassung auf die Perspektive *vor* Ergreifen der Maßnahme („**ex ante**“) abzustellen. Maßstab ist dabei das Urteil eines „pflichtbesonnenen Durchschnittsbeamten“. Daraus folgt: Eine Gefahr liegt vor, wenn in der konkreten Situation ein pflichtbesonnener Durchschnittsbeamter **vor Ergreifen der Maßnahme** zu dem Schluss kommt, dass eine Gefahr vorliegt. Stellt sich – wie im Fall 4 – im Nachhinein („ex post“) heraus, dass die Befürchtungen unbegründet waren, so ändert dies nichts am Vorliegen einer Gefahr. Man spricht in dieser Konstellation von einer „Anscheinsgefahr“; dabei handelt es sich um eine Gefahr i. S. d. §§ 1, 3 PolG.

Es müsste eine Gefahr für die ö. S. o. O. gegeben sein. Die öffentliche Sicherheit umfasst auch Individualrechtsgüter, vorliegend Leben und Gesundheit der Rosi. Eine Gefahr ist eine Sachlage, die bei ungehindertem Geschehensablauf in absehbarer Zeit und mit hinreichender Wahrscheinlichkeit den Eintritt eines Schadens an einem polizeilichen Schutzgut befürchten lässt, sofern nicht alsbald Abwehrmaßnahmen getroffen werden. Das Vorliegen einer Gefahr ist aus der Perspektive „ex ante“ zu beurteilen; anzulegen ist dabei das Urteil eines pflichtbesonnenen Durchschnittsbeamten. Vorliegend mussten die Schilderungen der A bei einem pflichtbesonnenen Durchschnittsbeamten die Befürchtung wecken, dass Leib und Leben der Rosi alsbald und mit hinreichender Wahrscheinlichkeit (weiteren) Schaden nehmen könnten: Da Rosi entgegen aller Gewohnheiten plötzlich nicht mehr erreichbar war und auch eine unangekündigte Abreise unwahrscheinlich erschien, war durchaus naheliegend, dass sie sich in ihrer Wohnung in einer hilflosen Lage befand und, auf sich allein gestellt, weiteren Schaden nehmen würde (bspw. durch verdursten oder auskühlen). Eine Gefahr für die öffentliche Sicherheit war damit gegeben. Daran ändert auch nichts, dass sich im Nachhinein herausstellte, dass Rosi tatsächlich nicht in Not war. Denn die vorliegend gegebene Anscheinsgefahr ist eine Gefahr i. S. d. §§ 1, 3 PolG.

Ergebnis

Die Tatbestandsvoraussetzungen der §§ 1, 3 PolG waren damit gegeben.

Fall 5
Generalermächtigung – §§ 1, 3 PolG: Scheingefahr

Sachverhalt

Die Polizeibeamten A und B laufen Streife und ermahnen dabei den Paketboten P, nicht auf dem Gehsteig zu parken. P zeigt sich einsichtig, verweist aber auf den hohen Arbeitsdruck. Im Zuge dieses Gesprächs bittet P die Beamten, eine Adresse auf einem Paket zu entziffern. A stellt fest, dass das Paket an das Pfarramt der Stadt adressiert ist und in Ägypten aufgegeben wurde; eine Absenderadresse ist auf dem Paket nicht vermerkt. Die Polizeibeamten sind entsetzt und befürchten, dass sich in dem Paket ein Sprengsatz befinde, um einen Terroranschlag gegen die christliche Kirche zu verüben. P teilt diese Befürchtungen nicht, deshalb verpflichten die Beamten den P, das Paket auf den Boden zu legen und dieses nicht an sich zu nehmen, bis das Paket von Spezialisten untersucht wurde. Die Untersuchung ergibt, dass das Paket ein Buch enthielt, das ein befreundeter Muezzin dem Stadtpfarrer schenken wollte.

Aufgabe

Lagen hinsichtlich der Anweisung an P, das Paket bis zu einer Klärung des Sachverhalts abzulegen, die tatbestandlichen Voraussetzungen der §§ 1, 3 PolG vor?

Lösungsvorschlag

3.1. Prüfung der Tatbestandsvoraussetzungen der §§ 1, 3 PolG

Wie bei Fall 4 ausgeführt ist das Vorliegen einer Gefahr aus der Perspektive „ex ante" zu beurteilen, wobei die Einschätzung eines pflichtbesonnenen Durchschnittsbeamten den Maßstab gibt. Daraus ergibt sich im Umkehrschluss: Es liegt keine Gefahr (Anscheinsgefahr) vor, wenn der Beamte von einer Gefahr ausgeht, obwohl dieser Irrtum vermeidbar war. Denn es ist nicht ersichtlich, weshalb auch bei vermeidbaren Irrtümern vom Vorliegen einer Gefahr (und damit von der Rechtmäßigkeit der polizeilichen Maßnahme) ausgegangen werden sollte. Die vermeidbare Gefahrenprognose (sog. Scheingefahr oder Putativgefahr) ist damit keine Gefahr i. S. d. §§ 1, 3 PolG; die ergriffenen Maßnahmen sind rechtswidrig.

Es müsste eine Gefahr für die ö. S. o. O. gegeben sein. Die öffentliche Sicherheit umfasst auch Individualrechtsgüter, vorliegend Leben und Gesundheit der Menschen, die von einem Anschlag betroffen sein würden. Es müsste weiter eine Gefahr für die öffentliche Sicherheit gegeben sein. Eine Gefahr ist eine Sachlage, die bei ungehindertem Geschehensablauf in absehbarer Zeit und mit hinreichender Wahrscheinlichkeit den Eintritt eines Schadens an einem polizeilichen Schutzgut befürchten lässt, sofern nicht alsbald Abwehrmaßnahmen getroffen werden. Das Vorliegen einer Gefahr ist aus der Perspektive „ex ante" zu beurteilen; anzulegen ist dabei das Urteil eines pflichtgemäßen Durchschnittsbeamten. Der vorliegende Sachverhalt berechtigte selbst bei der angezeigten Betrachtung „ex ante" einen pflichtbesonnenen Durchschnittsbeamten nicht zu der Annahme, dass das Paket einen Sprengsatz enthalte. Die tatsächlichen Anhaltspunkte rechtfertigen diesen Schluss bei Weitem nicht; die Befürchtungen von A und B gründeten vielmehr in recht unbestimmten Vorurteilen gegenüber der muslimischen Welt. Damit war vorliegend entgegen der fehlerhaften Annahme der Beamten keine Gefahr gegeben. Es lag nur eine Scheingefahr vor, die keine Gefahr i. S. d. §§ 1, 3 PolG darstellt, weil es nicht veranlasst ist, Polizeibeamte auch vor vermeidbaren Fehleinschätzungen zu schützen.

Ergebnis

Die Tatbestandsvoraussetzungen der §§ 1, 3 PolG waren nicht gegeben.

Fall 6
Der Schutz privater Rechte – § 2 Abs. 2 PolG

A lässt auf dem Bodensee Steine über das Wasser hüpfen und trifft dabei aus Versehen das Modellboot des B. Das Modellboot sinkt. B verlangt von A 300 Euro Schadensersatz. A hat das Geld dabei und sagt B: „Du bekommst das Geld, ich muss aber erst noch schnell auf die Toilette“. B befürchtet, dass sich A – der ihm nicht bekannt ist – aus dem Staub machen will und bittet daher die Polizistinnen P und Q, die alles mitbekommen haben, dem B das Geld wegzunehmen und ihm zu übergeben. Denn sein Schadensersatzanspruch sei ja Teil der Rechtsordnung und es sei bekanntlich die Aufgabe der Polizei, die Rechtsordnung durchzusetzen.

Aufgabe

Werden hier P und Q überhaupt tätig und worauf wäre eine mögliche Maßnahme gerichtet?

Lösungsvorschlag

Es ist nicht die Aufgabe der Polizei, private Rechtsstreitigkeiten zu entscheiden. Die Bürger selbst müssen vor den staatlichen Gerichten ihre privaten Rechte erstreiten. Auch der Gewaltenteilungsgrundsatz widerstreitet einer Entscheidung privater Rechtsstreitigkeiten durch Organe der Exekutive. Ein Einschreiten der Polizei zum Schutz privater Rechte kommt daher nur ausnahmsweise in Betracht, die Polizei wird nur subsidiär tätig.

Die Voraussetzungen für den Schutz privater Rechte nennt § 2 Abs. 2 PolG. Danach obliegt der Polizei der Schutz privater Rechte „nur auf Antrag des Berechtigten und nur dann, wenn gerichtlicher Schutz nicht rechtzeitig zu erlangen ist und wenn ohne polizeiliche Hilfe die Gefahr besteht, dass die Verwirklichung des Rechts vereitelt oder wesentlich erschwert wird“.

Die Subsidiarität polizeilichen Tätigwerdens kommt aber nicht nur in den Voraussetzungen des § 2 Abs. 2 PolG zum Ausdruck: Denn es ist anerkannt, dass die polizeilichen Maßnahmen zum Schutz privater Rechte nur soweit reichen dürfen, bis der Berechtigte diese vor den Gerichten geltend machen kann. In der **Praxis** wird dies daher vielfach bedeuten, dass allenfalls Name und Adresse eines potenziellen Schuldners ermittelt und an den potenziellen Gläubiger übermittelt werden dürfen, damit dieser die behaupteten Ansprüche nötigenfalls gerichtlich durchsetzen kann.

Entgegen des etwas missverständlichen Wortlauts des § 2 Abs. 2 PolG greifen seine Restriktionen *nur*, wenn *ausschließlich* der Schutz privater Rechte in Rede steht. Das ist nicht der Fall, wenn mit der Missachtung privater Rechte zugleich ein Verstoß gegen Öffentliches Recht, Ordnungswidrigkeitenrecht oder gar Strafrecht einhergeht. Daher greifen die Restriktionen des § 2 Abs. 2 PolG nicht, wenn die Räumung besetzter Häuser verlangt wird (§ 123 StGB), oder der nächtliche Lärm einer Stereoanlage zugleich einen Ordnungswidrigkeitentatbestand erfüllt oder immissionsschutzrechtliche Grenzwerte überschreitet.

Zu fragen ist, ob P und Q es überhaupt als ihre Aufgabe ansehen dürfen, den (behaupteten) zivilrechtlichen Schadensersatzanspruch des A gegenüber dem B durchzusetzen. Denn zivilrechtliche Auseinandersetzungen sind entsprechend der Gewaltenteilung vor den staatlichen Gerichten zu führen. Dementsprechend kommt ein Einschreiten der Polizei zum Schutz privater Rechte nur unter den engen Voraussetzungen des § 2 Abs. 2 PolG in Betracht.

Allerdings greift § 2 Abs. 2 PolG nur, wenn es ausschließlich um den Schutz privater Rechte geht. Gehen mit der Missachtung privater Rechte auch Verstöße gegen öffentliches Recht oder gar Strafrecht einher, greift § 2 Abs. 2 PolG nicht. Vorliegend sind entsprechende Verstöße nicht ersichtlich. Insbesondere ist es – außerhalb des § 142 StGB – nicht strafbar, sich Schadensersatzansprüchen zu entziehen[7].

Die Voraussetzungen des § 2 Abs. 2 PolG sind gegeben, weil ein Antrag des A vorliegt, gerichtlicher Rechtsschutz nicht rechtzeitig erfolgen kann und ohne ein Einschreiten der Polizei die Gefahr besteht, dass die Durchsetzung des Schadensersatzanspruchs des A gegen B vereitelt wird. Denn sollte der B enteilen, so könnte der A seine Forderung nicht durchsetzen, weil bereits die Zustellung der Klageschrift nicht möglich wäre.

Liegen damit die Voraussetzungen des § 2 Abs. 2 PolG vor, so ist es gleichwohl nicht die Aufgabe der Polizei, den behaupteten Anspruch des A gegen B zu vollstrecken. Denn es ist anerkannt, dass selbst bei Vorliegen der Voraussetzungen des § 2 Abs. 2 PolG i. d. R. nur die Personalien des (potenziellen) Schuldners erhoben und an den potenziellen Gläubiger übergeben werden dürfen, damit dieser seine Ansprüche gerichtlich durchsetzen kann.

7 Teils wird hier argumentiert, dass die fahrlässige Sachbeschädigung nicht strafbar sei. Für sich genommen ist diese Aussage richtig, im vorliegenden Kontext kommt es auf diese Frage aber gar nicht an. Denn das Boot ist bereits zerstört, hier greift jede Gefahrenabwehrmaßnahme zu spät. Präventivpolizeilich kann es daher von vornherein nur darum gehen, den Schadensersatzanspruch des A zu sichern.

P und Q werden damit prüfen, ob die Voraussetzungen für die Aufnahme der Personalien des B gegeben sind. Nach § 27 Abs. 1 Nr. 1 PolG darf die Identität einer Person festgestellt werden, um eine Gefahr für die öffentliche Sicherheit abzuwehren. Die Rechtsordnung als Schutzgut der öffentlichen Sicherheit umfasst auch das Privatrecht. Der Anspruch des A gegen den B unterfällt damit dem Schutzgut der öffentlichen Sicherheit. Da der B augenscheinlich im Begriff ist, die Durchsetzungen dieses Anspruchs durch Flucht zu vereiteln, ist auch eine Gefahr für die öffentliche Sicherheit gegeben. Die Voraussetzungen für die Erhebung der Personalien des B liegen damit vor.

Weitaus problematischer ist, auf welcher Grundlage die Personalien des B an den A übermittelt werden dürfen. Hierfür braucht es einer Rechtsgrundlage, weil die Datenübermittlung einen Eingriff in das RIS des B darstellt. Nach zutreffender, hier nicht weiter darzulegender Auffassung, ergibt sich diese Rechtsgrundlage aus § 32 PolG.

Ergebnis

P und Q werden nicht feststellen, dass der B dem A zur Zahlung von Schadensersatz verpflichtet ist. Erst recht werden Sie diesen Anspruch nicht „durchsetzen“, indem Sie dem A 300 Euro wegnehmen und dem B übergeben. P und Q beschränken sich vielmehr darauf, die Personalien des B festzustellen und diese dem A zu übermitteln.

Hinweise:

Wo wird § 2 Abs. 2 PolG geprüft? Hier ist vieles vertretbar. Arbeitsökonomisch erscheint uns aber, die Voraussetzungen des § 2 Abs. 2 PolG vor den Tatbestandsvoraussetzungen der Rechtsgrundlage – vorliegend § 27 Abs. 1 Nr. 1 PolG – zu prüfen.

Fall 7
Formelle Rechtmäßigkeit – Spezielle Bestimmungen – § 105 Abs. 1 HS 2 PolG

Sachverhalt

Die Polizeibeamten A und B möchten die Identität des C feststellen, der im Rotlichtmilieu umherstreift (vgl. § 27 Abs. 1 Nr. 3 PolG). Da sich die Identität des C nicht anders feststellen lässt, bringen die Beamten den C auf die Wache (vgl. § 27 Abs. 2 S. 3 PolG) und nehmen ihm Fingerabdrücke ab (vgl. § 41 Abs. 1 Nr. 1, Abs. 2 Nr. 1 PolG). C meint, dass es sich hierbei um „typische Büroarbeit" handele. Dies zeige sich schon daran, dass er auf die Dienststelle gebracht worden sei. Für solche Maßnahmen sei der PVD nicht zuständig, weil dieser nur „auf der Straße" tätig werden dürfe.

Aufgabe

Prüfen Sie die sachliche Zuständigkeit des PVD für die Abnahme der Fingerabdrücke.

Lösungsvorschlag

2. Formelle Rechtmäßigkeit
2.1 Zuständigkeitsabgrenzung
2.1.1 Sachliche Zuständigkeit

Die Zuständigkeitsvermutung des § 105 Abs. 1 HS 1 PolG zugunsten der Polizeibehörden gilt nicht, wenn das PolG etwas anderes bestimmt (§ 105 Abs. 1 HS 2 PolG). § 41 Abs. 1 PolG weist die Anwendung erkennungsdienstlicher Maßnahmen in die sachliche Kompetenz des PVD.

Der PVD ist nach § 41 Abs. 1 PolG zuständig für die Durchführung erkennungsdienstlicher Maßnahmen. Auf die allgemeine Bestimmung des § 105 Abs. 1 HS 1, der eine Regelvermutung für die sachliche Zuständigkeit der Polizeibehörden aufstellt, kommt es daher gar nicht an (vgl. § 105 Abs. 1 HS 2 PolG).

Ergebnis

Der PVD war für die Abnahme der Fingerabdrücke alleine sachlich zuständig.

Hinweis

Die sachliche Zuständigkeit, also die Abgrenzung von Polizeibehörde und PVD, ist in folgender Reihenfolge zu prüfen:

- Spezielle Regelungen außerhalb des PolG (etwa § 27 Abs. 1 S. 1 LKJHG)[8]
- Spezielle Regelungen innerhalb des PolG (etwa §§ 41 f. PolG oder § 65 PolG)
- Subsidiäre Regelung in § 105 PolG (dort ist zunächst der Grundsatz des § 105 Abs. 1 HS 1 darzulegen, dann erst sind die Ausnahmen zu prüfen: Zu beginnen ist mit § 105 Abs. 3 PolG, fortzufahren ist mit § 105 Abs. 2 PolG)[9].

8 § 105 Abs. 1 HS 2 PolG nimmt nur Bezug auf abweichende Bestimmungen im PolG („dieses Gesetz“). Nach dem Lex-specialis-Grundsatz gehen aber auch Bestimmungen der sachlichen Zuständigkeit in – gegenüber dem PolG – spezielleren Gesetzen vor.

9 Hat die Polizeibehörde gehandelt, bedarf es eines Eingehens auf § 105 Abs. 2 und Abs. 3 PolG im Grunde nicht: Die Parallelzuständigkeit des § 105 Abs. 3 PolG ändert nichts an der Zuständigkeit der Polizeibehörde. Auch liegt kein Fall des § 105 Abs. 2 PolG vor, wenn die Behörde tatsächlich gehandelt hat.

Fall 8
Formelle Rechtmäßigkeit – Sachliche Zuständigkeit – § 105 Abs. 1 PolG

Sachverhalt

Montagnachmittag verprügelt A seine Mitbewohnerin B in ihrer gemeinsamen Wohnung in der Böblinger Innenstadt. Daraufhin erlässt die Stadt Böblingen als Ortspolizeibehörde (§ 107 Abs. 4 S. 1 PolG) gegen den A einen Wohnungsverweis gem. § 30 Abs. 3 S. 1 PolG und spricht ein Rückkehrverbot für eine Woche aus (§ 30 Abs. 3 S. 2 PolG).

Aufgabe

Prüfen Sie die Zuständigkeit der Stadt Böblingen für den Erlass von Wohnungsverweis und Rückkehrverbot.

Lösungsvorschlag

2. Formelle Rechtmäßigkeit
2.1 Zuständigkeitsabgrenzung
2.1.1 Sachliche Zuständigkeit (Polizeibehörden oder PVD?)

- Gemäß § 104 PolG umfasst die Organisation der Polizei die Polizeibehörden und den PVD mit seinen Beamten (Polizeibeamte).

  Vorliegend hat die Stadt Böblingen als Ortspolizeibehörde gehandelt. Als solche ist sie, wie der Name sagt, Polizeibehörde und damit Polizei i. S. d. § 104 Nr. 1 PolG.

- Hat demnach eine Polizeibehörde gehandelt, so ist zu prüfen, ob diese sachlich zuständig war. § 30 Abs. 3 PolG enthält keine speziellen Regelungen; es ist dort nur von der „Polizei" die Rede. Polizei sind aber der Polizeivollzugsdienst und die Polizeibehörden (§ 104 PolG).

  In Ermangelung einer speziellen Regelung ist auf § 105 PolG zurückzugreifen. Nach § 105 Abs. 1 HS. 1 PolG sind für die Wahrnehmung der polizeilichen Aufgaben grundsätzlich die Polizeibehörden zuständig. Für die in § 105 Abs. 3 PolG aufgeführten Maßnahmen ist parallel der PVD zuständig (sog. Parallelzuständigkeit). Ist ein sofortiges Tätigwerden erforderlich, so ergibt sich die Zuständigkeit des PVD aus § 105 Abs. 2 PolG (sog. Eilzuständigkeit).

Nach dem Grundsatz des § 105 Abs. 1 S. 1 PolG ist für den Wohnungsverweis und das Rückkehrverbot die Polizeibehörde zuständig. Ein Fall des § 105 Abs. 3 PolG (Parallelzuständigkeit) ist nicht gegeben – ohnehin ließe dies die Zuständigkeit der Polizeibehörde unberührt. Eine Eilkompetenz des PVD aus § 105 Abs. 2 PolG scheidet aus, weil die Polizeibehörde offensichtlich erreichbar war – ansonsten hätte sie die betreffenden Verfügungen nicht erlassen.

2.1.2 Hierarchische Zuständigkeit

Nach § 106 Abs. 1 PolG bestehen unterschiedliche Polizeibehörden. Diese stehen in einem hierarchischen Verhältnis, beginnend bei den Ortspolizeibehörden, über die Kreispolizei- und Landespolizei- bis hin zu den obersten Polizeibehörden. § 107 Abs. 1 bis Abs. 4 S. 1 gliedern die Polizeibehörden in die allgemeine Landesverwaltung ein. Bspw. sind nach § 107 Abs. 1 PolG die obersten Polizeibehörden die zuständigen Ministerien, Ortspolizeibehörden sind nach § 107 Abs. 4 S. 1 PolG die Gemeinden. Welche Behörde ist nun aber zuständig? Hier muss § 111 Abs. 2 PolG bekannt sein, wonach die Ortspolizeibehörden, also die Gemeinden, zuständig sind, soweit nichts anderes bestimmt ist.

Die hierarchische Zuständigkeit der Stadt Böblingen als Ortspolizeibehörde (§ 107 Abs. 4 S. 1 PolG) ergibt sich aus § 111 Abs. 2 PolG. Eine Zuweisung an eine andere Polizeibehörde ist nicht ersichtlich.

2.1.3 Örtliche Zuständigkeit

Die örtliche Zuständigkeit der Polizeibehörden richtet sich nach § 113 PolG. Nach § 113 Abs. 1 S. 2 HS 1 PolG ist die Polizeibehörde örtlich zuständig, in deren Dienstbezirk eine polizeiliche Aufgabe wahrzunehmen ist.

Die örtliche Zuständigkeit der Stadt (Gemeinde) Böblingen ergibt sich aus § 113 Abs. 1 S. 2 HS 1 PolG, da die Aufgabe der Gefahrenabwehr in deren Dienstbezirk (d. h. ihrem Gemeindegebiet) wahrzunehmen war.

Hinweis

Behalten Sie die Systematik des Gesetzes im Auge! Die örtliche Zuständigkeit der Polizeibehörden ist in § 113 PolG geregelt, die des PVD in §§ 120f. PolG. Ein schwerer Fehler ist es, i. R. d. örtlichen Zuständigkeit die falsche Norm anzuwenden.

Ergebnis

Vorliegend war die Stadt Böblingen als Ortspolizeibehörde zuständig.

Hinweis

§ 105 Abs. 1 und § 111 Abs. 2 PolG räumen der Ortspolizeibehörde eine sachliche und hierarchische Vorrangstellung ein: Im Grundsatz sind die Ortspolizeibehörden, also die Gemeinden für die Wahrnehmung der polizeilichen Aufgaben zuständig.

Fall 9
Formelle Rechtmäßigkeit – Eilzuständigkeit – § 105 Abs. 2 PolG

Sachverhalt

Wie Fall 8, allerdings ereignet sich der Sachverhalt an einem Wochenende. Da bei der Stadt Böblingen niemand erreichbar ist, handelt der PVD und spricht einen Wohnungsverweis und ein Rückkehrverbot bis Montagnachmittag aus.

Aufgabe

Prüfen Sie die Zuständigkeit des PVD für die ergriffenen Maßnahmen.

Lösungsvorschlag

2.	Formelle Rechtmäßigkeit
2.1	Zuständigkeitsabgrenzung
2.1.1	Sachliche Zuständigkeit (Polizeibehörden oder PVD?)

- Wenn keine speziellen Bestimmungen außerhalb des PolG vorliegen, ist nach speziellen Bestimmungen innerhalb des PolG zu fragen. Diese finden sich regelmäßig in der Rechtsgrundlage selbst. § 30 Abs. 3 PolG enthält keine speziellen Regelungen; es ist dort nur von der „Polizei" die Rede. Da die Polizei sowohl den PVD als auch die Polizeibehörden umfasst (§ 104 PolG), hilft § 30 Abs. 3 PolG nicht weiter.
- Es ist keine spezielle Regelung der sachlichen Zuständigkeit innerhalb oder außerhalb des PolG ersichtlich. Es ist daher auf die allgemeine Bestimmung des § 105 PolG zurückzugreifen.

  Nach § 105 Abs. 1 S. 1 PolG sind für die Wahrnehmung der polizeilichen Aufgaben grundsätzlich die Polizeibehörden zuständig. Für die in § 105 Abs. 3 PolG aufgeführten Maßnahmen ist parallel der PVD zuständig (sog. Parallelzuständigkeit). Ist ein sofortiges Tätigwerden erforderlich, so ergibt sich die Zuständigkeit des PVD aus § 105 Abs. 2 PolG (sog. Eilzuständigkeit).

Nach dem Grundsatz des § 105 Abs. 1 S. 1 PolG war für den Wohnungsverweis und das Rückkehrverbot die Polizeibehörde zuständig. Es besteht für diese Maßnahmen auch keine Parallelzuständigkeit des PVD i. S. d. § 105 Abs. 3 PolG. Jedoch ergibt sich die Zuständigkeit des PVD aus der Eilkompetenz des § 105 Abs. 2 PolG, weil ein sofortiges Tätigwerden zum Schutz der B erforderlich war und die Polizeibehörde am Wochenende nicht erreicht werden konnte.[10]

2.1.2 Hierarchische Zuständigkeit

Die hierarchische Zuständigkeit ist beim PVD nicht weiter problematisch, weil dieser zweigliedrig aufgebaut ist: Zuständig sind entweder die Polizeidienststellen (nach § 115 Abs. 1 Nr. 1 PolG vor allem die regionalen Polizeipräsidien) oder das Innenministerium. Eine Zuständigkeit des Innenministeriums ergibt sich etwa aus § 122 PolG.

2.1.3. Örtliche Zuständigkeit

Die örtliche Zuständigkeit des PVD ergibt sich aus § 120 PolG. Danach sind die Polizeidienststellen im ganzen Landesgebiet zuständig (S. 1). Sie sollen i. d. R. jedoch nur in ihrem Dienstbezirk tätig werden.

Gegen die örtliche Zuständigkeit des PVD ergeben sich aus dem Sachverhalt keine Bedenken.

Ergebnis

Die zwei Polizeibeamten waren für die Verfügung des Wohnungsverweises und des Rückkehrverbotes zuständig.

10 Nicht entscheidend ist, ob der PVD tatsächlich einen Kontaktversuch unternommen hat. Vielmehr darf der PVD davon ausgehen, dass außerhalb der üblichen Bürozeiten bei der Polizeibehörde niemand erreichbar ist (*Schatz*, in: BeckOK, § 105 Rn 6).

Hinweise:

1. § 105 Abs. 2 PolG beruht auf dem Gedanken, dass gebotenes polizeiliches Einschreiten nicht an Kompetenzen scheitern darf.
2. § 119 Abs. 2 S. 1 PolG verpflichtet den PVD, die weisungsbefugten Stellen und die Ortspolizeibehörden von allen sachdienlichen Wahrnehmungen zu unterrichten. Daran ist gerade auch im Kontext des § 105 Abs. 2 PolG zu denken.

Merke

Anders als in Fall 9 sind die Voraussetzungen des § 105 Abs. 2 PolG („wenn ein sofortiges Tätigwerden erforderlich erscheint") nicht immer leicht zu bestimmen. Nach der Rspr. des VGH BW besteht eine Eilzuständigkeit des PVD nach § 105 Abs. 2 PolG, „wenn ein Abwarten bis zum Eingreifen der an sich zuständigen Polizeibehörde den Erfolg der notwendigen Maßnahmen erschweren oder vereiteln würde" (VGH BW, Urt. v. 17.06.2003 – 1 S 2025//01 –, Rn. 25). Ob diese Voraussetzungen vorlagen, beurteilt sich aus der Sicht eines pflichtgemäß handelnden Beamten vor Ergreifen der Maßnahme („ex ante").

Fall 10
Formelle Rechtmäßigkeit – Parallelzuständigkeit – § 105 Abs. 3 PolG

Sachverhalt

Nachdem A seine Ehefrau B geschlagen und verletzt hatte, wurde er von der eintreffenden Streifenwagenbesatzung in Gewahrsam genommen, weil er sich nicht beruhigen ließ.

Aufgabe

Prüfen Sie die sachliche Zuständigkeit des PVD.

Lösungsvorschlag

2. Formelle Rechtmäßigkeit
2.1 Zuständigkeitsabgrenzung
2.1.1 Sachliche Zuständigkeit

- Nach § 105 Abs. 1 HS 1 PolG sind für die Wahrnehmung der polizeilichen Aufgaben grundsätzlich die Polizeibehörden zuständig. § 105 Abs. 3 PolG begründet eine parallele Zuständigkeit des PVD für die dort aufgezählten Maßnahmen.

  In der Rechtsgrundlage für die Ingewahrsamnahme ist die sachliche Zuständigkeit nicht speziell geregelt (vgl. § 33 Abs. 1 PolG). Nach dem Grundsatz des § 105 Abs. 1 HS 1 PolG sind die Polizeibehörden auch für die Ingewahrsamnahme (ausschließlich) zuständig. Da der Gewahrsam in § 105 Abs. 3 PolG genannt wird, besteht daneben eine parallele Zuständigkeit des PVD.

Ergebnis

Die dem PVD angehörende Streifenwagenbesatzung war sachlich zuständig für die Ingewahrsamnahme des A.

Hinweis

Für viele der sog. Standardmaßnahmen besteht eine Parallelzuständigkeit des PVD. Parallelzuständigkeit bedeutet, dass die Polizeibehörden und der PVD gleichrangig nebeneinander zuständig sind. Diese Maßnahmen sind in § 105 Abs. 3 PolG **abschließend** aufgeführt. Der PVD kann diese Maßnahmen selbst dann ergreifen, wenn die Polizeibehörde erreichbar ist.

Fall 11
Formelle Rechtmäßigkeit – Richtervorbehalt

Sachverhalt

Am Samstagmorgen verprügelt der A seinen Partner B in der gemeinsamen Wohnung schwer. Die eintreffende Streifenwagenbesatzung nimmt den A in Gewahrsam. Die Beamten befürchten, dass sich A durch einen Wohnungsverweis nicht davon abbringen lassen wird, dem B weiteren Schaden zuzufügen. A wird erst am Sonntagmorgen aus dem Gewahrsam entlassen.

Aufgabe

Prüfen Sie die sachliche Zuständigkeit des PVD für die Ingewahrsamnahme des A am Ort des Geschehens.

Lösungsvorschlag

2. Formelle Rechtmäßigkeit
2.1 Zuständigkeitsabgrenzung
2.1.1 Sachliche Zuständigkeit

Im Rahmen der sachlichen Zuständigkeit ist auch zu klären, ob die betreffende Maßnahme einem Richtervorbehalt unterliegt.

- Nach Art. 104 Abs. 2 S. 1 GG unterliegt die Freiheitsentziehung einem Richtervorbehalt. Eine Freiheitsentziehung liegt vor, wenn eine Person auf einem eng umgrenzten Raum festgehalten wird. Die Freiheitsentziehung ist abzugrenzen von der Freiheitsbeschränkung. Ein wichtiges Kriterium ist dabei die Dauer der Maßnahme. Als Faustformel gilt: Wird eine Person länger als eine Stunde festgehalten, so liegt eine Freiheitsentziehung vor. Unabhängig von der Dauer ist auch dann von einer Freiheitsentziehung auszugehen, wenn die Person in einer Arrestzelle festgehalten wird.
- Nach Art. 104 Abs. 2 S. 2 GG ist bei jeder nicht richterlichen Freiheitsentziehung unverzüglich eine richterliche Entscheidung herbeizuführen. Das GG geht also davon aus, dass die Freiheitsentziehung, etwa eine Ingewahrsamnahme, auch von anderen Stellen angeordnet werden kann.

- Diese verfassungsrechtlichen Anforderungen werden in § 33 PolG umgesetzt. Nach § 33 Abs. 1 PolG liegt die Zuständigkeit für die Ingewahrsamnahme bei der Polizei. § 33 Abs. 3 S. 3 PolG bestimmt aber, dass unverzüglich eine richterliche Entscheidung über den Gewahrsam herbeizuführen ist. Das heißt: der Gewahrsam kann von den Polizeibeamten vor Ort angeordnet werden, es ist aber unverzüglich eine richterliche Entscheidung einzuholen.

  Die im Fall 10 vorgenommene Ingewahrsamnahme vor Ort durfte nach § 33 Abs. 1 PolG durch die Polizei angeordnet werden. Eine vorherige richterliche Entscheidung konnte nicht herbeigeführt werden, weil sich die Notwendigkeit der Ingewahrsamnahme ad hoc ergab. Allerdings mussten die Beamten unverzüglich eine richterliche Entscheidung herbeiführen, § 33 Abs. 3 S. 3 PolG.

- Ist nach § 33 Abs. 1 PolG (zunächst) die Polizei zuständig für die Ingewahrsamnahme, so ist weiter zu prüfen, ob die Zuständigkeit bei den Polizeibehörden oder beim PVD liegt. Da diese Frage nicht spezialgesetzlich geregelt ist, entscheidet sie sich nach § 105 PolG (vgl. dazu bereits die Hinweise bei Fall 7).

  Die in § 33 Abs. 1 PolG adressierte „Polizei" umfasst die Polizeibehörden und den PVD (vgl. § 104 PolG). In Ermangelung spezieller Regelungen sind deren Zuständigkeiten nach § 105 PolG abzugrenzen. Zwar sieht § 105 Abs. 1 HS 1 im Grundsatz eine Zuständigkeit der Polizeibehörden vor. Allerdings ist der PVD nach § 105 Abs. 3 PolG für die Ingewahrsamnahme nach § 33 PolG parallel zuständig.

Ergebnis

Die Streifenwagenbesatzung war für die Ingewahrsamnahme des A zuständig.

Hinweise:

1. Häufig missverstanden wird § 33 Abs. 3 S. 2 PolG: Der Gewahrsam darf ohne richterliche Entscheidung nicht länger als bis zum Ende des Tags nach dem Ergreifen aufrechterhalten werden. Es handelt sich hierbei um eine **absolute Höchstfrist**. Sie ändert nichts an der Verpflichtung aus § 33 Abs. 3 S. 3 PolG, eine richterliche Entscheidung unverzüglich herbeizuführen. Falsch wäre also die Annahme, die Polizei könne – ohne sich um eine richterliche Entscheidung zu bemühen – den Gewahrsam allgemein bis zum Ende des nächsten Tages aufrechterhalten.

2. Eine **Ausnahme** von der Verpflichtung des § 33 Abs. 3 S. 3 PolG enthält jedoch § 33 Abs. 3 S. 4 PolG. Danach muss keine richterliche Entscheidung herbeigeführt werden, wenn anzunehmen ist, dass diese erst nach Wegfall des Grundes des Gewahrsams ergehen würde. Bsp: A wird zur Feststellung seiner Identität auf dem Polizeirevier erkennungsdienstlich behandelt. Regelmäßig ist dies längstens in 55 Minuten geschehen. Nach 50 Minuten ergeben sich Komplikationen bei den Bildaufzeichnungen, die voraussichtlich in 40 weiteren Minuten behoben sein werden. Ausgehend von der (oben genannten) Faustformel, liegt nach 60 Minuten eine Freiheitsentziehung und damit ein Gewahrsam vor. Die Polizei müsste daher zum Zeitpunkt des Auftretens der Komplikationen eine richterliche Entscheidung herbeiführen (vgl. § 33 Abs. 3 S. 3 PolG). Allerdings ist nicht anzunehmen, dass innerhalb von 45 Minuten eine richterliche Entscheidung ergehen wird. Der Herbeiführung einer richterlichen Entscheidung bedarf es daher nicht (vgl. § 33 Abs. 3 S. 4 PolG).

Fall 12
Formelle Rechtmäßigkeit – Örtliche Zuständigkeit

Sachverhalt

A und B, Polizeibeamtinnen des Polizeireviers Konstanz, haben an einem Seminar in Stuttgart teilgenommen. Auf dem Heimweg fällt ihnen im Stadtteil Degerloch eine Gruppe Jugendlicher auf, die eine junge Frau (C) umzingeln und gegen deren Willen anfassen. A und B stellen den Dienstwagen ab, um C vor weiteren Übergriffen zu schützen. Als sich die uniformierten Beamtinnen nähern, machen sich einige Jugendliche davon; andere müssen mit unmittelbarem Zwang von weiteren Übergriffen abgehalten werden.

Aufgabe

Prüfen Sie die örtliche Zuständigkeit der Beamtinnen A und B für das Einschreiten gegen die Jugendlichen.

Lösungsvorschlag

2.	Formelle Rechtmäßigkeit
2.1.3	Örtliche Zuständigkeit

- Nach § 120 S. 1 PolG sind die Polizeidienststellen (vgl. § 115 Abs. 1 Nr. 1 PolG) im gesamten Landesgebiet zuständig. Sie sollen aber in der Regel nur in ihrem Dienstbezirk tätig werden (§ 120 S. 2 PolG).

  Das Polizeirevier Konstanz gehört zum Polizeipräsidium Konstanz (vgl. § 121 Abs. 1 Nr. 5 PolG). Gleichwohl sind A und B auch für die Abwehr von Gefahren im Dienstbezirk des Polizeipräsidiums Stuttgart örtlich zuständig. Die Unzuständigkeit ergibt sich auch nicht aus § 121 S. 2 PolG, wonach die Polizeidienststellen nur in ihrem Dienstbezirk tätig werden sollen. Denn sog. „Sollvorschriften" begründen im Grundsatz ein „Müssen", allerdings gestatten sie in begründeten Einzelfällen auch Ausnahmen. Eine solche begründete Ausnahme ist hier gegeben, da ohne jeden zeitlichen Verzug eingeschritten werden musste. Im Übrigen hätte ein Verstoß gegen § 120 S. 2 PolG nicht die Rechtswidrigkeit der polizeilichen Maßnahme zur Folge. Denn nach allgemeiner Auffassung kommt der Bestimmung nur innerdienstliche Bedeutung zu.

Ergebnis

Die Polizeibeamtinnen waren örtlich zuständig.

Merke

§ 120 S. 2 PolG soll aus Gründen der Organisationsklarheit und Verantwortlichkeit im Grundsatz verhindern, dass es zu Überschreitungen des Dienstbezirks kommt. Wie dargestellt, lassen Sollvorschriften in begründeten Einzelfällen Ausnahmen zu. Davon ist bei § 120 S. 2 PolG insbesondere bei Eil- bzw. Notfällen auszugehen.

Fall 13
Formelle Rechtmäßigkeit – Erkennbarkeit

Sachverhalt

Kriminaloberkommissar A begutachtet einen mutmaßlichen Tatort, ein von Drogenabhängigen illegal errichtetes Zeltlager auf einer Brachfläche. Bewohner B fühlt sich durch den A gestört, weil er „Lackaffen“ nicht ausstehen kann; in der Tat ist A mit Chinohosen und Hemd bekleidet. B beginnt nun, den A zu beleidigen und stellt sich diesem wiederholt in den Weg. Da A seine Arbeit so nicht verrichten kann, erteilt er dem B einen Platzverweis. B ist der Auffassung, dass er sich von Spießern keine Befehle erteilen lassen muss.

Aufgabe

Gehen Sie auf die Erkennbarkeit ein und erläutern Sie die Rechtsfolgen fehlender Erkennbarkeit.

Lösungsvorschlag

2.	Formelle Rechtmäßigkeit
2.4	Erkennbarkeit

Unter dem Schlagwort der „Erkennbarkeit“ wird geprüft, ob der Beamte als solcher dem Bürger erkennbar ist. Diese Erkennbarkeit ist bei der Schutzpolizei i.d.R. unproblematisch, weil die Uniform die Polizeibeamten als solche ausweist. Es besteht daher – jedenfalls bei der Schutzpolizei – auch keine Veranlassung, in der Klausur schematisch auf die Frage der Erkennbarkeit einzugehen, wenn der Sachverhalt hierzu nicht ausnahmsweise Anlass gibt.

Die Erkennbarkeit wird im Rahmen der Ausbildung der formellen Rechtmäßigkeit zugerechnet. Ein Verwaltungsakt kann nicht bekannt gegeben und damit auch nicht wirksam werden, wenn dem „Adressaten“ gar nicht bewusst ist, dass er es mit einer Behörde zu tun hat (vgl. §§ 41 Abs. 1, 43 Abs. 1 LVwVfG). Hilfsweise mag man argumentieren, dass ein entsprechender Verwaltungsakt nach § 44 Abs. 1 LVwVfG nichtig ist.

Polizeibeamte sind als solche erkennbar, wenn sie:

- Dienstkleidung/Uniform tragen,
- mit einem Streifenwagen unterwegs sind,
- sich mit Dienstausweis oder Dienstmarke ausweisen oder
- persönlich als Polizeibeamte bekannt sind.

Darüber hinaus ist auch von der Erkennbarkeit auszugehen, wenn der Polizeibeamte auf seinen Status hinweist und der Betroffene diesen nicht infrage stellt.

Problematisch ist, dass der A dem B einen Platzverweis erteilt, ohne überhaupt als Polizeibeamter erkennbar zu sein: Eine Uniform trägt der A nicht. Aus dem Sachverhalt ergibt sich auch nicht, dass der Status des A für den B auf andere Weise erkennbar gewesen wäre. Dafür spricht auch die Replik des B auf den Platzverweis des B. Die „Erkennbarkeit“ des A war damit nicht gegeben.

Zu fragen ist nach den rechtlichen Konsequenzen der fehlenden Erkennbarkeit. Richtigerweise kann ein Verwaltungsakt von einem – nicht als solchen erkennbaren – Polizeibeamten, nicht bekannt gegeben werden und erlangt daher keine Rechtswirksamkeit (vgl. §§ 41 Abs. 1, 43 Abs. 1 PolG). Ohnedies stellte die fehlende Erkennbarkeit des A einen derart gravierenden Fehler dar, dass ein von A verfügter Verwaltungsakt jedenfalls gem. § 44 Abs. 1 LVwVfG nichtig wäre.

Ergebnis

A war nicht als Polizeibeamter erkennbar. Der Platzverweis konnte daher nicht wirksam bekanntgegeben werden. Jedenfalls war dieser nach § 44 Abs. 1 LVwVfG nichtig.

Merke

Sie müssen unbedingt den Unterscheid zwischen einem nur rechtswidrigen und einem nichtigen Verwaltungsakt kennen; ebenso die sich daraus ergebenden unterschiedlichen Rechtsfolgen:

Ergibt die Prüfung, dass ein VA gegen formelle und/oder materielle Anforderungen verstößt, so ist der VA rechtswidrig, aber nicht zwangsläufig nichtig. Nichtig ist ein VA nur, wenn er an besonders schwerwiegenden Fehlern leidet (vgl. § 44 LVwVfG). Ein nichtiger Verwaltungsakt ist rechtlich nicht existent, entfaltet also keine Rechtswirkungen. Dies gilt auch für Verwaltungsakte, die nicht bekannt gegeben wurden und damit keine Wirksamkeit erlangt haben (Bsp: Ein schriftlicher Verwaltungsakt geht auf dem Postweg verloren).

Der Unterschied zwischen nur rechtswidrigem und nichtigem Verwaltungsakt ist essenziell:

- Rechtswidrige, aber nicht nichtige Verwaltungsakte können rechtmäßig vollstreckt werden, wenn sie unanfechtbar (d. h. bestandskräftig) geworden sind oder wenn die aufschiebende Wirkung von Rechtsbehelfen entfällt (vgl. § 2 LVwVg). Nichtige VAe können hingegen nicht vollstreckt werden.
- Rechtswidrige, aber nicht nichtige Verwaltungsakte können bestandskräftig werden, wenn die Rechtsschutzfristen abgelaufen sind. Nichtige Verwaltungsakte können nicht bestandskräftig werden, weil sie im Rechtssinne gar keine Verwaltungsakte sind.

Fall 14
Formelle und materielle Rechtmäßigkeit – Allgemeinauftrag – §§ 1, 3 PolG

Sachverhalt

Die Polizeibeamten A und B werden zu einem Verkehrsunfall in ihrem Revier gerufen, bei dem zwei Pkw und ein Lkw beteiligt sind.

Als A und B am Unfallort eintreffen, steht einer der beiden verunfallten Pkw in Flammen. Über Funk gibt A sofort eine Lagemeldung an seine Dienststelle durch und fordert Feuerwehr und Rettungskräfte an. B beginnt mit der Absicherung der Unfallstelle. Der unfallbeteiligte Lkw weist nur leichte Beschädigungen auf, sein Fahrer (F) sitzt auf der Fahrbahn und scheint unter Schock zu stehen. F wird von B und dem hinzukommenden A aus der Gefahrenzone geleitet, wirkt dabei aber völlig apathisch.

Im Weiteren stellt A fest, dass der unfallbeteiligte Lkw brennbare Chemikalien geladen hat. Aus seiner Ladung tritt eine Flüssigkeit aus, die auf die Fahrbahn rinnt und sich ausbreitet. A befürchtet, dass diese Flüssigkeit in den kommenden Minuten den brennenden Pkw erreicht und sich dort entzündet. Diese Entzündung würde ohne Weiteres auf die geladenen brennbaren Chemikalien überspringen und so eine Brandkatastrophe herbeiführen.

Da weder A noch B über eine entsprechende Fahrerlaubnis verfügen, um den unfallbeteiligen Lkw aus der Gefahrenzone zu fahren, verpflichten sie hierzu den Fahrer eines anderen Lkw (D), der hinter der Unfallstelle im Stau steht. D sträubt sich zunächst, fährt dann aber den beschädigten Lkw aus der Gefahrenzone.

Aufgabe

War die Anweisung an D, den beschädigten Lkw wegzufahren, rechtmäßig?

Lösungsvorschlag

1. Rechtsgrundlage – §§ 1, 3 PolG

In Ermangelung spezieller Bestimmungen außerhalb oder innerhalb des PolG kommt als Rechtsgrundlage für die gefahrenabwehrrechtliche Verfügung nur die Generalklausel, §§ 1, 3 PolG, in Betracht.

2. Formelle Rechtmäßigkeit

2.1 Zuständigkeitsabgrenzung

2.1.1 Sachliche Zuständigkeit (Polizeibehörden oder PVD?)

► In Ermangelung einer speziellen Regelung bestimmt sich die Abgrenzung zwischen Polizeibehörden und PVD nach § 105 PolG. Nach § 105 Abs. 1 S. 1 PolG sind für die Wahrnehmung der polizeilichen Aufgaben grundsätzlich die Polizeibehörden zuständig. Für die in § 105 Abs. 3 PolG aufgeführten Maßnahmen ist parallel der PVD zuständig (sog. Parallelzuständigkeit). Ist ein sofortiges Tätigwerden erforderlich, so ergibt sich die Zuständigkeit des PVD aus § 105 Abs. 2 PolG (sog. Eilzuständigkeit).

In Ermangelung spezieller Bestimmungen außerhalb oder innerhalb des PolG bemisst sich die sachliche Zuständigkeit nach § 105 PolG. Eine Ausnahme von der grundsätzlichen Zuständigkeit der Polizeibehörden (§ 105 Abs. 1 S. 1 PolG) nach § 105 Abs. 3 GG PolG (Parallelzuständigkeit) ist nicht gegeben. Allerdings besteht eine Eilzuständigkeit des PVD, da zur Verhütung der Ausbreitung des Feuers ein sofortiges Tätigwerden erforderlich erschien (§ 105 Abs. 2 PolG).

2.1.2 Hierarchische Zuständigkeit

Die hierarchische Zuständigkeit ist beim PVD nicht weiter problematisch, weil dieser zweigliedrig aufgebaut ist: Zuständig sind entweder die Polizeidienststellen (nach § 115 Abs. 1 Nr. 1 PolG vor allem die regionalen Polizeipräsidien) oder das Innenministerium. Eine ausnahmsweise Zuständigkeit des Innenministeriums ergibt sich aus § 122 PolG.

Zuständig waren die Polizeidienststellen, nach § 115 Abs. 1 Nr. 1 PolG die regionalen Polizeipräsidien. Es ist davon auszugehen, dass A und B für ein Polizeipräsidium handelten.

2.1.3 Örtliche Zuständigkeit

Grundsätzlich sind die Polizeidienststellen gemäß § 120 S. 1 PolG im ganzen Landesgebiet zuständig. Überdies werden A und B innerhalb ihres Dienstbezirks tätig, weshalb selbst der Soll-Bestimmung des § 120 S. 2 PolG entsprochen ist.

3. Materielle Rechtmäßigkeit

3.1 Tatbestandsvoraussetzungen und Rechtsfolge

- **Öffentliche Sicherheit**

  Die öffentliche Sicherheit umfasst die gesamte Rechtsordnung, die individuellen Rechte sowie die Einrichtungen und Veranstaltungen des Staates. Zu den Individualrechten zählen Leben, körperliche Unversehrtheit und Eigentum. Die Verpflichtung des D sollte eine unkontrollierte, ggf. explosionsartige Ausbreitung des Feuers verhindern, die zu einer Verletzung oder gar Tötung anwesender Personen und einer Zerstörung des (leicht beschädigten) Lkw führen müsste.

- **Gefahr**

  Gefahr ist eine Sachlage, die bei ungehindertem Geschehensablauf in absehbarer Zeit und mit hinreichender Wahrscheinlichkeit den Eintritt eines Schadens an einem polizeilichen Schutzgut befürchten lässt, sofern nicht alsbald Abwehrmaßnahmen getroffen werden. Vorliegend würde die wohl brennbare Flüssigkeit in absehbarer Zeit und mit hinreichender Wahrscheinlichkeit den in Flammen stehenden Pkw erreichen, was zu einem Übergreifen des Feuers auf den gesamten Lkw mitsamt den brennbaren Chemikalien und damit zu einer Beeinträchtigung der öffentlichen Sicherheit führte. Dieses Szenario ließ sich nur durch eine Entfernung des betreffenden Lkw bannen. Eine Gefahr für die öffentliche Sicherheit war damit gegeben.

- **Störung**

  Eine Störung, also ein Schaden an den durch die Maßnahme zu schützenden Rechtsgütern, war noch nicht eingetreten.

- **Öffentliches Interesse**

  Die Gefahr für die öffentliche Sicherheit indiziert, dass ein Einschreiten im öffentlichen Interesse liegt. Überhaupt waren erhebliche Beeinträchtigungen höchster Rechtsgüter für eine unbestimmte Zahl von Personen zu besorgen, weshalb ein Einschreiten auf jeden Fall im öffentlichen Interesse geboten erschien.

  Die Anweisung an D, den Lkw umzuparken, ist im Grundsatz von der weiten Rechtsfolge der §§ 1, 3 PolG gedeckt[11]*. Insbesondere war es dem D auch rechtlich und tatsächlich möglich, den Lkw zu versetzen.*

3.2 Adressat

Die möglichen Adressaten polizeilicher Maßnahmen ergeben sich zunächst aus der jeweiligen Rechtsgrundlage. Spezielle (und damit vorrangige!) Rechtsgrundlagen außerhalb und innerhalb des PolG fassen den Adressatenkreis teils sehr weit. Dies gilt insbesondere für Maßnahmen, die weit in das **Vorfeld von Gefahren** ausgreifen. Bspw. kann nach § 27 Abs. 1 Nr. 2 PolG die Identität einer Person festgestellt werden, wenn diese bei einer öffentlichen Veranstaltung mit besonderem Gefährdungsrisiko angetroffen wird. Die betreffende Person wird damit Adressat einer polizeilichen Maßnahme, obwohl keine Gefahr oder Störung vorliegt und obwohl die Person gar nicht als Störer in Erscheinung getreten ist. An die Stelle der Störereigenschaft tritt die sog. „**Ortshaftung**“: die Rechtsgrundlage lässt es genügen, dass die Person an einem bestimmten gefährlichen oder gefährdeten Ort angetroffen wird.

Hingegen setzen Maßnahmen auf der Grundlage der §§ 1, 3 PolG das Vorliegen einer Gefahr voraus; sie können auch nur gegen die in den §§ 6, 7 und 9 PolG genannten Adressaten gerichtet werden. Dies können sein: der Verursacher der Gefahr (sog. Handlungsstörer – § 6 PolG), der Eigentümer oder Inhaber der tatsächlichen Gewalt (sog. Zustandsstörer – § 7 PolG) oder – aber dies nur unter sehr hohen Voraussetzungen! – der unbeteiligte Dritte (§ 9 PolG).

In Ermangelung spezieller Regelungen in den §§ 1, 3 PolG ist auf die allgemeine Störerdogmatik der §§ 6, 7 und 9 PolG zurückzugreifen. Als Hand-

11 Damit ist nur ausgesagt, dass die Verfügung, den Lkw umzuparken, im Grundsatz von der weiten Rechtsfolge umfasst ist. Nach hiesigem Prüfungsschema werden Verhältnismäßigkeit, Ermessen und Adressaten unter gesonderten Gliederungspunkten geprüft.

lungsstörer i. S. d. § 6 PolG kann der D nicht in Anspruch genommen werden, weil er die Gefahr für die öffentliche Sicherheit nicht durch sein Verhalten verursacht hat. Auch Zustandsstörer i. S. d. § 7 PolG ist der D nicht, weil er nicht Eigentümer oder Inhaber der tatsächlichen Gewalt des Lkw ist, aus dem die Flüssigkeit auf die Straße rinnt.

Hinweise:

1. Natürlich steht im Sachverhalt nicht ausdrücklich, dass der D nicht Eigentümer des unfallbeteiligten Lkw ist. Jedoch ist dies nach den Umständen absolut fernliegend. In der Klausur gilt: Wenn sich dem Sachverhalt nichts anderes entnehmen lässt, müssen Sie vom **Regelfall** ausgehen. Keinesfalls dürfen Sie einen atypischen Fall unterstellen! Wenn sich also aus dem Sachverhalt nicht ergibt, dass es Nacht ist, dann ist Tag. Wenn sich aus dem Sachverhalt nicht ergibt, dass eine Person Ausländer ist, dann ist sie Deutscher. Wenn sich aus dem Sachverhalt nicht ergibt, dass die Straße nass ist, dann ist sie trocken.
2. Möglicherweise hat D Sachherrschaft über den Lkw erlangt, als er diesen umparkte. Darauf kommt es aber gar nicht an, weil der Zeitpunkt der polizeilichen Anordnung maßgebend ist. Seinerzeit hatte der D aber keinesfalls Sachherrschaft an dem verunfallten Lkw.

D konnte daher nur als „unbeteiligte Person" i.S.d. § 9 Abs. 1 PolG in Anspruch genommen werden. Voraussetzung ist, dass auf andere Weise eine unmittelbar bevorstehende Störung der öffentlichen Sicherheit nicht verhindert werden konnte, insbesondere die eigenen Mittel der Polizei nicht ausreichten. Eine Störung steht nach Auffassung des VGH unmittelbar bevor, wenn sie mit Gewissheit sofort oder in allernächster Zeit eintreten wird. Vorliegend wird die Flüssigkeit alsbald das brennende Auto erreicht haben, die Störung wird daher in allernächster Zeit eintreten. Schließlich war die Störung auch nicht anders abzuwehren als durch die Verpflichtung des D: A und B verfügten nicht über entsprechende Berechtigungen und Kenntnisse, F selbst stand unter Schock. Dementsprechend konnte D als unbeteiligte Person i. S. d. § 9 Abs. 1 PolG in Anspruch genommen werden.

3.3 Verhältnismäßigkeit

Die Maßnahme müsste i. S. d. § 5 PolG verhältnismäßig sein, also einem legitimen Ziel dienen, geeignet, erforderlich und angemessen sein.

- **Legitimes Ziel**

  Die Maßnahme verfolgt ein legitimes Ziel, wenn dieses mit der Verfassung in Einklang steht. Erst recht liegt ein legitimes Ziel vor, wenn den staatlichen Schutzpflichten entsprochen wird.

- **Geeignetheit**

  Die Maßnahme ist geeignet, wenn sie dazu beiträgt, das legitime Ziel zu erreichen. Es genügt insoweit ein „Schritt in die richtige Richtung"; es muss nicht das effektivste Mittel ergriffen worden sein.

- **Erforderlichkeit**

  Eine Maßnahme ist erforderlich, wenn kein milderes, gleich effektives Mittel gegeben ist.

- **Angemessenheit**

  Eine Maßnahme ist nicht angemessen, wenn mit ihr ein Nachteil herbeigeführt wird, der erkennbar außer Verhältnis zum beabsichtigen Erfolg steht, vgl. § 5 Abs. 2 PolG. Es geht hier also nicht um ein Abwägen in dem Sinn, dass sich Eingriff und Erfolg die Waage halten müssten.

Die Maßnahme ist auch verhältnismäßig. Sie dient einem legitimen Ziel, weil durch sie höchstrangige Rechtsgüter (Leben und Gesundheit) geschützt werden sollen. Mit der fraglichen Maßnahme tritt der Staat diesem Ziel näher, sie ist also ein geeignetes Mittel. Auch sind keine milderen, gleich effektiven Maßnahmen ersichtlich. Insbesondere konnte der Lkw nicht durch A, B oder F aus der Gefahrenzone bewegt werden. Erst recht steht der geringfügige Eingriff in die allgemeine Handlungsfreiheit des D nicht außer Verhältnis zu dem damit verfolgten Schutz höchstrangiger Rechtsgüter. Die Maßnahme ist daher angemessen und damit verhältnismäßig.

3.4 Ermessen

Bei der Ermessensausübung ist zwischen dem Entschließungsermessen („ob") und dem Auswahlermessen („wie") zu unterscheiden. Dass der Verwaltung Ermessen eingeräumt ist, ergibt sich in der Regel aus der Rechtsgrundlage: sind Tatbestandsvoraussetzungen und Rechtsfolge mit einem „kann" verbunden, so indiziert dies einen Ermessensspielraum der Behörde (Bsp.: § 27 Abs. 1 PolG).

Dieser Ermessensspielraum kann sich aus Gründen der Verhältnismäßigkeit oder wegen der staatlichen Schutzpflichten für die Grundrechtsträger reduzieren. Besteht gar kein Ermessen mehr, so spricht man von einer „Ermessensreduktion auf null". Eine solche ist, falls überhaupt, i.d.R. nur hinsichtlich des Entschließungsermessens, nicht hinsichtlich des Auswahlermessens gegeben. Bsp.: A verprügelt den B brutal mit einer Stahlrute. Die hinzueilenden Polizeibeamten *müssen* hier einschreiten, d.h. das Entschließungsermessen ist auf Null reduziert. Das Auswahlermessen der Beamten besteht aber nach wie vor.

Das der Verwaltung eingeräumte Ermessen wird von den Gerichten (also im Außenverhältnis) nur auf bestimmte Ermessensfehler hin überprüft (vgl. § 114 VwGO). Diese sind:

- Ermessensüberschreitung
  - ► Die Grenzen des Ermessens werden überschritten.
- Ermessensausfall
  - ► Es wird gar kein Ermessen ausgeübt.
- Ermessensfehlgebrauch
  - ► Vom Ermessen wird mit Erwägungen Gebrauch gemacht, die nicht der Intention der Rechtsgrundlage entsprechen.

Nach außen unterliegt die Ermessensausübung der Polizei nur einer eingeschränkten Kontrolle; sie ist auf bestimmte Ermessensfehler begrenzt (vgl. § 114 VwGO).

Allerdings lag auf der Ebene des Entschließungsermessens eine sog. Ermessensreduktion auf Null vor: Die Polizeibeamten waren wegen der grundrechtlichen Schutzpflicht für Leben und Gesundheit der anwesenden Personen verpflichtet, gegen die bestehende Gefahr einzuschreiten.

Hingegen bestand das Auswahlermessen fort. Es ist nicht ersichtlich, dass die Polizei bei der Auswahl der Maßnahme einem Ermessensfehler unterlag.

Zwischenergebnis

Das Ermessen wurde korrekt ausgeübt.

Endergebnis

Die Aufforderung, den Lkw wegzufahren, war rechtmäßig.

Fall 15
Adressat – Entschließungs- und Auswahlermessen – Verhältnismäßigkeit

Sachverhalt

Vermieter V hat seiner Mieterin, der alleinerziehenden M gekündigt. Die von V angestrengte Räumungsklage hat Erfolg, eben wurden M und ihre vier Kinder vom Gerichtsvollzieher auf die Straße geleitet. M hatte bis zuletzt die Hoffnung, dass der V den Räumungstitel nicht vollstrecken werde. Sie hat sich daher nicht um eine neue Wohnung gekümmert. M und ihre vier Kinder stehen nun auf der Straße, es ist November, Nieselregen setzt ein und auf den Behörden ist am Freitagnachmittag niemand mehr zu erreichen.

Die Polizeibeamten A und B werden hinzugerufen. Diese ermitteln, dass alle Notunterkünfte der Stadt überbelegt sind und auch keine Besserung zu erwarten ist. A und B suchen nun das Gespräch mit V und bitten diesen, die M und ihre Kinder wieder in die Wohnung zu lassen. V lehnt entrüstet ab. Daraufhin beschlagnahmen A und B die Wohnung des V und weisen M und ihre Kinder wieder in die Wohnung ein.

Aufgabe

War die Beschlagnahme der Wohnung materiell rechtmäßig?

Lösungsvorschlag

3.	Materielle Rechtmäßigkeit
3.1	Tatbestandsvoraussetzungen des § 38 Abs. 1 Nr. 1 PolG

Nach § 38 Abs. 1 Nr. 1 PolG kann die Polizei eine Sache u. a. beschlagnahmen, wenn dies erforderlich ist zum Schutz eines einzelnen gegen eine bereits eingetretene Störung der öffentlichen Sicherheit.

Die in § 38 Abs. 1 Nr. 1 PolG geforderte Erforderlichkeit ist kein eigenständiges Tatbestandsmerkmal, sie erinnert nur an die Prüfung der Verhältnismäßigkeit.

Zur rechtlichen Qualifikation der Obdachlosigkeit: Die freiwillige Obdachlosigkeit ist in einem freiheitlichen Staat unproblematisch. Es lässt sich heute auch nicht mehr vertreten, dass die freiwillige Obdachlosigkeit gegen die öffentliche Ordnung verstößt. Die unfreiwillige Obdachlosigkeit verstößt jedoch gegen die öffentliche Sicherheit, weil der Betroffene mit Blick auf Witterung und Übergriffen Dritter an Leib und Leben Schaden nehmen kann.

Eine Sache kann nach § 38 Abs. 1 Nr. 1 PolG beschlagnahmt werden, wenn dies zum Schutz eines einzelnen gegen eine Störung der öffentlichen Sicherheit erforderlich ist. Mit Blick auf die Witterung und Übergriffe Dritter ist vorliegend die öffentliche Sicherheit in ihrer individualschützenden Dimension betroffen. Es stehen Leben und Gesundheit der M und ihrer Kinder auf dem Spiel. Da M und ihre Kinder bereits auf der Straße stehen und den Umwelteinflüssen schutzlos ausgeliefert sind, ist die Störung der öffentlichen Sicherheit bereits eingetreten.

3.2 Adressat

§ 38 Abs. 1 Nr. 1 PolG regelt den Adressaten der Beschlagnahme nicht, es ist daher auf die allgemeinen Grundsätze zurückzugreifen. Zwar hat der V durch die Räumung die Obdachlosigkeit der M und ihrer Kinder tatsächlich bewirkt. Allerdings ist V nicht als Verhaltensstörer i. S. d. § 6 Abs. 1 PolG anzusehen, da er mit der Wohnungsräumung nur ein Recht verwirklicht hat, das ihm bereits gerichtlich zugesprochen worden war.

Ebenso ist der V nicht Zustandsstörer i. S. d. § 7 PolG, denn von der Wohnung des V geht die Störung nicht aus. Dass durch Inanspruchnahme der Wohnung die Störung beseitigt werden kann, macht V nicht zum Zustandsstörer.

V kann daher nur als unbeteiligter Dritter i. S. d. § 9 Abs. 1 PolG in Anspruch genommen werden. Da die gegebene Störung der öffentlichen Sicherheit auf andere Weise nicht beseitigt werden kann, insbesondere keine entsprechenden staatlichen Ressourcen zur Verfügung stehen, sind die Voraussetzungen für eine Inanspruchnahme des V gegeben.

3.3 Verhältnismäßigkeit

Die Inanspruchnahme des V müsste verhältnismäßig sein. Die Beschlagnahme der Wohnung für die Wiedereinweisung der Familie M war ein geeignetes Mittel um ein legitimes Ziel, nämlich die Beseitigung einer Störung der öffentlichen Sicherheit, zu erreichen. Wie bereits dargetan, war diese Maßnahme auch erforderlich, da kein milderes, gleich effektives Mittel zur Verfügung stand. Schließlich stand der Nachteil bei V, der Eingriff in sein Eigentum, nicht außer Verhältnis zu dem beabsichtigten Erfolg, dem Schutz von Leib und Leben von M und ihren Kindern (vgl. § 5 Abs. 2 PolG). Die Beschlagnahme der Wohnung war daher verhältnismäßig.

3.4 Ermessensausübung

Nach außen unterliegt die Ermessensausübung der Polizei nur einer eingeschränkten Kontrolle; sie ist auf bestimmte Ermessensfehler begrenzt (vgl. § 114 VwGO).

Allerdings lag auf der Ebene des Entschließungsermessens eine sog. Ermessensreduktion auf Null vor: Die Polizeibeamten waren wegen der grundrechtlichen Schutzpflicht für Leben und Gesundheit der Familie M verpflichtet, gegen die bestehende Störung einzuschreiten.

Hingegen bestand das Auswahlermessen fort. Es ist aber nicht ersichtlich, dass die Polizei bei der Auswahl ihrer Maßnahme einem Ermessensfehler unterlag.

Ergebnis

Die Beschlagnahme der Wohnung des V war rechtmäßig.

Hinweis

Warum kann die Polizei eine Wohnung beschlagnahmen, um dort Menschen einzuweisen, gegen die eben ein Räumungstitel vollstreckt wurde? In der Tat mag die Beschlagnahme der Wohnung in entsprechenden Konstellationen widersprüchlich erscheinen. Allerdings muss man sich klarmachen, dass Räumung und Beschlagnahme unterschiedlichen Zwecken dienen: Die Aufgabe der Polizei ist eine effektive und verhältnismäßige Gefahrenabwehr, hingegen geht es bei Kündigung und Räumung um Zumutbarkeitserwägungen im Kontext zivilrechtlicher Verträge.

Fall 16
Vollstreckung der Maßnahme (Verwaltungsakt)

Sachverhalt

Es ist Samstagnacht gegen 23.00 Uhr, als eine Streifenwagenbesatzung des Polizeireviers Böblingen (A und B) zwei augenscheinlich angetrunkene Jugendliche am Oberen See in Böblingen kontrolliert. An diesem Ort werden erfahrungsgemäß Straftaten begangen (Handel mit Betäubungsmitteln, Hehlerei, Verstöße gegen das Aufenthalts-/Asylgesetz).

Einer der beiden Jugendlichen (C) hat nach eigenen Angaben keine Dokumente bei sich, um seine Identität zu belegen. Seine mündlichen Angaben lassen sich durch Abfragen in elektronischen Meldesystemen nicht bestätigen. A erklärt daher gegenüber dem C: „Da Sie Ihre Identität nicht belegen können und Ihre Angaben nicht mit den Informationen übereinstimmen, die wir vom Einwohnermeldeamt haben, werden wir Sie jetzt nach Ausweisen durchsuchen. Bitte gehen Sie zum Streifenwagen und legen Sie Ihre Hände auf das Dach."

C reagiert auf diese Erklärung des A zunächst nicht. Nachdem A jedoch die Anwendung unmittelbaren Zwangs androht, geht C mit den Beamten zum Streifenwagen und lässt die Durchsuchung „über sich ergehen".

Aufgabe

Handelt es sich bei der Aufforderung an den C, er solle zum Zwecke der Durchsuchung zum Streifenwagen gehen und seine Hände auf das Dach legen, um einen vollstreckbaren Verwaltungsakt? Begutachtungszeit ist der auf die Geschehnisse folgende Montag.

Lösungsvorschlag

3.	Materielle Rechtmäßigkeit der Vollstreckung
3.1	Allgemeine Vollstreckungsvoraussetzungen (§ 2 LVwVG)

Die allgemeinen Vollstreckungsvoraussetzungen ergeben sich aus § 2 LVwVG: Verwaltungsakte können vollstreckt werden, wenn sie unanfechtbar geworden sind (Nr. 1) oder wenn die aufschiebende Wirkung eines Rechtsbehelfs entfällt (Nr. 2). Voraussetzung ist aber, dass überhaupt ein wirksamer Verwaltungsakt vorliegt.

Hinweis

1. Verwechseln Sie nicht das Landesverwaltungsverfahrensgesetz (LVwVfG), in dem das Verwaltungsverfahren normiert ist, mit dem Landesverwaltungsvollstreckungsgesetz (LVwVG), das die Vollstreckung von VA regelt. Beide sind zu unterscheiden vom Landesverwaltungsgesetz (LVG), in dem der Aufbau der allgemeinen Verwaltungsbehörden des Landes geregelt ist.
2. Den Verwaltungsakt, dessen Vollstreckung in Rede steht, nennt man auch Grundverfügung.

3.1.1 Vorliegen eines VA i. S. d. § 35 LVwVfG

Die Tatbestandsmerkmale eines VA ergeben sich aus § 35 Satz 1 LVwVfG. Demnach ist ein VA jede Verfügung, Entscheidung oder andere hoheitliche Maßnahme, die eine Behörde zur Regelung eines Einzelfalles auf dem Gebiet des öffentlichen Rechts trifft und die auf unmittelbare Rechtswirkung nach außen gerichtet ist. Im Einzelnen:

- **Hoheitliche Maßnahme**

  Unter einer hoheitlichen Maßnahme versteht man eine einseitig öffentlich-rechtliche Anordnung der Behörde. Typisch ist, dass der Adressat der Behörde untergeordnet ist (Subordinationstheorie). Ebenso typisch ist, dass eine entsprechende Maßnahme nur vom Staat getroffen werden kann, nicht von einem Privaten (Sonderrechtstheorie). Man mag sich daher die Frage stellen: Wäre auch eine Privatperson befugt, eine solche Anordnung zu erlassen?

  In der Aufforderung an C, zum Streifenwagen zu gehen und die Hände aufs Dach zu legen, kommt ein Über- bzw. Unterordnungsverhältnis zum Ausdruck. Die Anordnung erfolgt „von oben herab“. C hat als Adressat der Anordnung die Anweisung zu befolgen (Subordinationsprinzip).

- **Behörde**

  Behörde ist jede Stelle, die öffentliche Verwaltungstätigkeit wahrnimmt (§ 1 Abs. 2 LVwVfG). Da der PVD das PolG, also öffentliches Recht, vollzieht, nimmt er Aufgaben der öffentlichen Verwaltung wahr und ist deshalb Behörde i. S. d. § 35 Satz 1 LVwVfG.

- **Einzelfallregelung**

  Verwaltungsakte beziehen sich auf konkrete Situationen, Rechtsverordnungen auf abstrakte Sachverhalte. Anhand der Parameter Adressat (individuell-generell) und Sachverhalt (konkret-abstrakt) lassen sich folgende Konstellationen bilden:

Die Regelung ist...	*individuell*	*generell*
konkret	*VA*	
abstrakt		*RVO*

  Die in Rede stehende Anordnung ist individuell, da sie sich spezifisch an den C richtet. Sie betrifft einen konkreten Sachverhalt. Damit ist die Regelung konkret-individuell und somit eine Einzelfallregelung i. S. d. § 35 Satz 1 LVwVfG.

- **Gebiet des öffentlichen Rechts**

  Mit diesem Tatbestandsmerkmal wird klargestellt, dass „Anordnungen" auf privatrechtlicher Grundlage keine VA i. S. d. § 35 Satz 1 LVwVfG sind. Dementsprechend ergeht eine Maßnahme auf dem Gebiet des öffentlichen Rechts, wenn deren Rechtsgrundlage öffentlich-rechtlich ist.

  Rechtsgrundlage für die Maßnahme war § 27 Abs. 2 S. 3 PolG. Dabei handelt es sich um eine öffentlich-rechtliche Norm, weshalb die Maßnahme auch auf dem Gebiet des öffentlichen Rechts erging.

- **Auf unmittelbare Rechtswirkung nach außen gerichtet**

  Die Maßnahme ist auf unmittelbare Rechtswirkung nach außen gerichtet, wenn sie gegenüber Personen, die nicht Teil der Verwaltung sind, eine verbindliche Regelungswirkung entfalten soll.

  Mit der Anordnung gegenüber C wollte A über die inneren Grenzen der Verwaltung hinaus eine verbindliche Regelung setzen. Die Anordnung war daher auf unmittelbare Rechtswirkung nach außen gerichtet.

Zwischenergebnis

Es liegt ein Verwaltungsakt i. S. d. § 35 LVwVfG vor.

3.1.2 Ist der Verwaltungsakt wirksam?

Ein Verwaltungsakt wird mit seiner Bekanntgabe wirksam (§§ 41 Abs. 1, 43 Abs. 1 LVwVfG). Bis zu seiner Bekanntgabe ist ein VA rechtlich nicht existent, er ist ein rechtliches Nullum. Erst mit seiner Bekanntgabe erlangt er Wirksamkeit, d.h. seine Regelungen werden verbindlich. Dies gilt nicht, wenn der VA ausnahmsweise nichtig ist (vgl. § 44 LVwVfG).

- **Wirksamwerden mit Bekanntgabe – §§ 41 Abs. 1, 43 Abs. 1 LVwVfG**

  Der VA wird zum Zeitpunkt seiner Bekanntgabe wirksam, §§ 41 Abs. 1, 43 Abs. 1 LVwVfG.

- **Nichtigkeit – § 44 LVwVfG**

  Dem VA kommt keine Rechtswirkung zu, wenn er ausnahmsweise nichtig ist (vgl. § 44 LVwVfG). Ein völlig unbestimmter Verwaltungsakt (vgl. § 37 Abs. 1 LVwVfG) kann gem. § 44 Abs. 1 LVwVfG nichtig sein. Im Übrigen ist die hinreichende Bestimmtheit aber eine Frage der Rechtmäßigkeit, nicht der Rechtswirksamkeit des VA.

  Der VA wurde dem C mündlich bekanntgegeben und ist damit wirksam (vgl. §§ 41 Abs. 1, 43 Abs. 1 LVwVfG). Nichtigkeitsgründe i. S. d. § 44 LVwVfG sind nicht ersichtlich.

3.1.3 Rechtmäßigkeit des VA nicht Vollstreckungsvoraussetzung

Die Dogmatik des VA unterscheidet zwischen der Rechtswirksamkeit (vgl. 3.1.2.) und der Rechtmäßigkeit von VA. Voraussetzung für die Vollstreckung von VA ist alleine deren Rechtswirksamkeit.

Das mag in einem Rechtsstaat zunächst verwundern. Warum kommt es für die Vollstreckung auf die Rechtmäßigkeit des VA nicht an? Einfachstes Argument: Weil in § 2 LVwVG nur von einem VA, nicht von einem rechtmäßigen VA die Rede ist.

Für Ihr Verständnis: Auch die Rechtssicherheit (ja, Sinn und Zweck von VA überhaupt) spricht dafür, die Rechtswirksamkeit des VA genügen zu lassen. Denn wäre die Rechtmäßigkeit des zu vollstreckenden VA Voraussetzung für die Rechtmäßigkeit der Vollstreckung, so ginge damit eine nicht hinnehmbare Rechtsunsicherheit (und damit verbunden ein Haftungsrisiko) für die Beamten einher. Stellen Sie sich vor: Sie erteilen einen

Platzverweis und vollstrecken diesen mit unmittelbarem Zwang, der Störer erleidet blaue Flecken. Später meint ein VG, der Platzverweis sei nicht verhältnismäßig gewesen. Wäre die Rechtmäßigkeit des Platzverweises (VA) Voraussetzung für die Rechtmäßigkeit der Vollstreckung, so wäre der unmittelbare Zwang rechtswidrig erfolgt. Folge: Sie hätten sich m. w. wegen KV im Amt schuldig gemacht.

Die Rechtmäßigkeit des zu vollstreckenden VA ist nicht Voraussetzung für seine Vollstreckung. Dies ergibt sich bereits aus § 2 LVwVG, der die Rechtmäßigkeit des VA nicht zur Vollstreckungsvoraussetzung erhebt. Im Übrigen bestünde für die Beamten eine nicht hinnehmbare Rechtsunsicherheit, wenn die Rechtswidrigkeit des VA (Grundverfügung) auf die Vollstreckung durchschlagen würde: Die Beamten würden sich bei der Vollstreckung rechtswidriger VA nicht selten strafbar machen.

Zwischenergebnis

Es liegt ein wirksamer Verwaltungsakt vor.

3.1.4 Vollstreckbarkeit des VA? – § 2 LVwVG

Ein VA kann vollstreckt werden, wenn er unanfechtbar geworden ist (Nr. 1) oder wenn die aufschiebende Wirkung eines Rechtsbehelfs entfällt (Nr. 2).

- **Unanfechtbarkeit (Nr. 1)**

  Ein VA ist u. a. unanfechtbar geworden, wenn die Monatsfrist für die Einlegung eines Widerspruchs (§ 70 Abs. 1 VwGO) oder für die Erhebung einer Klage (§ 74 Abs. 1 VwGO) verstrichen ist.

  Nach dem Bearbeitervermerk liegen die Geschehnisse erst zwei Tage zurück. Die einmonatige Widerspruchsfrist des § 70 Abs. 1 VwGO ist daher noch nicht abgelaufen und die Unanfechtbarkeit ist nicht eingetreten.

- **Entfallen der aufschiebenden Wirkung**

  Widerspruch und Anfechtungsklage haben nach § 80 Abs. 1 VwGO aufschiebende Wirkung, daraus folgt im Grundsatz: Ein VA kann nicht vollstreckt werden, wenn gegen ihn fristgerecht ein Rechtsbehelf (Widerspruch, Klage) eingelegt wurde oder ein Rechtsbehelf noch fristgemäß eingelegt werden könnte.

  § 80 Abs. 2 S. 1 VwGO enthält Ausnahmen von diesem Grundsatz der aufschiebenden Wirkung. Größte Bedeutung für den PVD hat dabei

§ 80 Abs. 2 S. 1 Nr. 2 VwGO: Bei unaufschiebbaren Anordnungen und Maßnahmen des **Polizeivollzugsdienstes** (nicht aber der Polizeibehörden!) haben Widerspruch und Anfechtungsklage keine aufschiebende Wirkung.

Da vorliegend die Widerspruchsfrist noch nicht verstrichen ist, muss damit gerechnet werden, dass C noch Widerspruch einlegen wird. Dieser hätte gem. § 80 Abs. 1 VwGO (rückwirkend) aufschiebende Wirkung gemäß § 80 Abs. 1 VwGO. Allerdings greift die Ausnahme des § 80 Abs. 2 S. 1 Nr. 2 VwGO, da vorliegend der PVD handelte und die Identitätsfeststellung auch keinen Aufschub duldete: Sie hätte nicht ohne Weiteres zu einem späteren Zeitpunkt durchgeführt werden können.

Ergebnis

Bei der Aufforderung an C, er solle zum Zwecke der Durchsuchung zum Streifenwagen gehen und seine Hände aufs Dach legen, handelt es sich um einen vollstreckbaren Verwaltungsakt.

Hinweis

Wenn danach gefragt wird, ob ein vollstreckbarer VA vorliegt, ist zu prüfen ob die Voraussetzungen des § 2 LVwVG vorliegen. Auf die weiteren Voraussetzungen der jeweiligen Vollstreckungsmaßnahme (bspw. Zuständigkeit, Androhung) ist bei dieser Fragestellung nicht einzugehen.

Fall 17
Vollstreckung eines VA – Ersatzvornahme

Sachverhalt

Die Polizeibeamten A und B beobachten, wie der C eine Glasflasche auf einen Radweg wirft, die dort zerbirst. A und B weisen den C an, die Scherben aufzufegen und in den unweit gelegenen Glascontainer zu werfen. Besen und Kehrschaufel stellen A und B dem C zur Verfügung.

C kommt den wiederholten Aufforderungen, die Glasscherben aufzufegen, nicht nach und meint: „Macht Ihr das doch!". A droht dem C daraufhin an, die Scherben von einem Reinigungsunternehmen entsorgen zu lassen. C habe dann die entstehenden Kosten zu tragen.

Daraufhin kehrt C die auf dem Gehweg liegenden Glasscherben zusammen und wirft sie in den Glascontainer.

Aufgabe

Prüfen Sie, ob die **Androhung**, die Glasscherben durch ein Reinigungsunternehmen auf Kosten des C beseitigen zu lassen, rechtmäßig war. Prüfungszeitpunkt ist zwei Tage nach den Vorkommnissen.

Lösungsvorschlag

1. Rechtsgrundlage für die Androhung der Ersatzvornahme – § 63 Abs. 1 PolG i. V. m. § 20 Abs. 1 LVwVG

Bei der Bestimmung der Rechtsgrundlage ist von der tatsächlich getroffenen Maßnahme der Behörde auszugehen. Denn Sie überprüfen die Rechtmäßigkeit dessen, was die Polizei getan *hat*, nicht, was die Polizei ggf. hätte tun *sollen*. Ob die gewählte Vollstreckungsmaßnahme die richtige war, ergibt sich regelmäßig i. R. d. Prüfung der materiellen Rechtmäßigkeit unter dem Punkt 3.2. – Auswahl des Zwangsmittels.

Zu Fragen ist zunächst nach der Rechtsgrundlage für die Androhung des A. Diese Rechtsgrundlage hängt davon ab, welches Zwangsmittel vorliegend angedroht wurde. Der A hat in Aussicht gestellt, die Scherben durch ein Reinigungsunternehmen entsorgen und dem C die Kosten hierfür auferlegen zu wollen. Die Vornahme einer vertretbaren Handlung durch einen Dritten auf Kosten des Verpflichteten stellt eine Ersatzvornahme dar. Rechtsgrundlage für die Ersatzvornahme selbst ist § 63 Abs. 1 PolG i. V. m. §§ 2, 25 LVwVG. Rechtsgrundlage für die Androhung einer Ersatzvornahme ist § 63 Abs. 1 PolG i. V. m. § 20 Abs. 1 LVwVG.

Hinweis

Die Androhung ist selbst schon Teil der Vollstreckung. Bei der Prüfung der Rechtmäßigkeit der Androhung ist daher im Grundsatz auf das diesen Fällen vorangestellte Schema (1.2. Prüfung der Rechtmäßigkeit polizeilicher Vollstreckungsmaßnahmen) zurückzugreifen.

2. Formelle Rechtmäßigkeit der Vollstreckungsmaßnahme

2.1 Sachliche Zuständigkeit

§ 4 Abs. 1 LVwVG, der über § 63 Abs. 2 PolG i. R. d. Ersatzvornahme anwendbar ist, bestimmt: Vollstreckungsbehörde ist die Behörde, die den VA erlassen hat. Für Ausnahmen von diesem Grundsatz ist vorliegend nichts ersichtlich. Der PVD (des handelnden Polizeipräsidiums) war daher sachlich zuständig für die Androhung der Ersatzvornahme.

2.2 Anhörung

Eine Anhörung des C war jedenfalls hinsichtlich der Androhung entbehrlich nach § 28 Abs. 2 Nr. 5 LVwVfG.

2.3 Androhung

Die Rechtmäßigkeit der Androhung wird vorliegend geprüft. Eine Androhung liegt vor – ist allerdings mündlich ergangen. Zwar fordert § 63 Abs. 2 PolG i. V. m. § 20 Abs. 1 Satz 1 LVwVG eine schriftliche Androhung; eine solche war vorliegend aber nach § 21 LVwVG entbehrlich. Ebenso war die

Fristsetzung i. S. d. § 63 Abs. 2 PolG i. V. m. § 20 Abs. 1 Satz 2 LVwVG nach § 21 LVwVG entbehrlich.

§ 63 Abs. 2 PolG i. V. m. § 20 Abs. 5 LVwVG bestimmt, dass bei der Ersatzvornahme die voraussichtlichen Kosten angegeben werden sollen. Vorliegend konnte die Angabe der voraussichtlichen Kosten ausnahmsweise entfallen, weil die Gefahr zeitnah zu beseitigen war und die voraussichtlichen Kosten daher nicht ermittelt werden konnten.

3. Materielle Rechtmäßigkeit der Vollstreckungsmaßnahme

3.1 Allgemeine Vollstreckungsvoraussetzungen

Grundsätzliche Ausführungen zu den allgemeinen Vollstreckungsvoraussetzungen finden sich bei Fall 16.

Die allgemeinen Vollstreckungsvoraussetzungen ergeben sich aus § 2 LVwVG: Verwaltungsakte können vollstreckt werden, wenn sie unanfechtbar geworden sind (Nr. 1) oder wenn die aufschiebende Wirkung eines Rechtsbehelfs entfällt (Nr. 2). Voraussetzung ist aber, dass überhaupt ein wirksamer VA vorliegt.

3.1.1 Vorliegen eines VA i. S. d. § 35 LVwVfG

§ 2 LVwVG setzt voraus, dass überhaupt ein – zu vollstreckender – VA vorliegt (sog. GrundVA). Die Maßnahme, die vorliegend vollstreckt werden soll, ist die Aufforderung des A an den C, die Scherben aufzufegen und zu entsorgen. Diese Maßnahme erfüllt alle Voraussetzungen des § 35 Satz 1 LVwVfG und ist daher als VA zu qualifizieren.

Hinweis

Die Aufforderung des A an C, die Scherben zu beseitigen, ist völlig unproblematisch ein VA. In einer Klausur genügt es in solchen Fällen, dies in wenigen Worten festzuhalten. Denn es gilt: Unproblematisches kurz abhandeln, Problematisches ausführlicher begründen bzw. diskutieren.

3.1.2 Wirksamkeit des VA

Der VA ist durch die mündliche Bekanntgabe an den C wirksam geworden, vgl. §§ 41 Abs. 1, 43 Abs. 1 LVwVfG. Anhaltspunkte für eine ausnahmsweise Nichtigkeit des VA nach § 44 LVwVfG sind nicht ersichtlich.

3.1.3 Rechtmäßigkeit des VA nicht Vollstreckungsvoraussetzung

Die Rechtmäßigkeit des zu vollstreckenden VA ist nicht Voraussetzung für seine Vollstreckung. Dies ergibt sich bereits aus § 2 LVwVG, der die Rechtmäßigkeit des VA nicht zur Vollstreckungsvoraussetzung erhebt. Im Übrigen bestünde für die Beamten eine nicht hinnehmbare Rechtsunsicherheit, wenn die Rechtswidrigkeit des VA (Grundverfügung) auf die Vollstreckung durchschlagen würde: Die Beamten würden sich bei der Vollstreckung rechtswidriger VA nicht selten strafbar machen.

3.1.4 Vollstreckbarkeit des VA? – § 2 LVwVG

Ein VA kann vollstreckt werden, wenn er unanfechtbar geworden ist (Nr. 1) oder wenn die aufschiebende Wirkung eines Rechtsbehelfs entfällt (Nr. 2).

Der VA ist vorliegend nicht unanfechtbar geworden, weil die Monatsfrist für die Einlegung eines Widerspruchs nicht verstrichen ist: Die Geschehnisse liegen nach dem Bearbeitervermerk erst zwei Tage zurück. Es kann daher (zum jetzigen Zeitpunkt) dahinstehen, ob der C durch die Zurückweisung der Anordnung des A bereits Widerspruch eingelegt hat.

Da vorliegend die Widerspruchsfrist noch nicht verstrichen ist, muss damit gerechnet werden, dass C noch Widerspruch einlegen wird. Dieser hätte gem. § 80 Abs. 1 VwGO (rückwirkend) aufschiebende Wirkung gemäß § 80 Abs. 1 VwGO. Allerdings greift die Ausnahme des § 80 Abs. 2 Satz 1 Nr. 2 VwGO, da vorliegend der PVD handelte und die Beseitigung der Scherben keinen Aufschub duldete.

3.2 Auswahl des Zwangsmittels und dessen besondere Rechtmäßigkeitsanforderungen

3.2.1 Auswahl des Zwangsmittels

In § 63 PolG sind die Zwangsmittel aufgeführt, die der Vollstreckungsbehörde zur Verfügung stehen. Zu klären bleibt die Frage: Welches Zwangsmittel war im Einzelfall anzuwenden?

Hinweis

Bei der Auswahl der Rechtsgrundlage („1. Rechtsgrundlage für die Auswahl der Androhung") wurde danach gefragt, was die Behörde tatsächlich getan hat.

An dieser Stelle wird nun danach gefragt, ob die Polizei das betreffende Zwangsmittel auch zu Recht gewählt hat.

Hier ist zunächst zu prüfen, ob die zu vollstreckende Pflicht eine vertretbare oder eine unvertretbare Handlung darstellt.

- **Vertretbare Handlungen**

  Vertretbare Handlungen sind Handlungen, die auch durch einen anderen als den Verpflichteten vorgenommen werden können, wobei dies dem Vollstreckungsinteresse ebenso entspricht. Bei der Vollstreckung vertretbarer Pflichten kommen die Zwangsmittel Zwangsgeld, ersatzweise Zwangshaft und Ersatzvornahme in Betracht (vgl. hierzu § 63 Abs. 2 PolG).

- **Unvertretbare Handlungen**

  Unvertretbare Handlungen können dagegen nur durch die betroffene Person selbst vorgenommen werden. Bei Unterlassungspflichten handelt es sich immer um unvertretbare Handlungen. Unvertretbare Handlungen können mit den Zwangsmitteln Zwangsgeld, ersatzweise Zwangshaft und unmittelbarer Zwang durchgesetzt werden.

- **Unmittelbarer Zwang als Ultima Ratio**

  Nur hinsichtlich des unmittelbaren Zwangs trifft das Gesetz eine Aussage zum Verhältnis der Zwangsmittel: Der unmittelbare Zwang ist letztes Mittel, er ist die Ultima Ratio. Vgl. hierzu § 66 Abs. 1 PolG.

- **Auswahlentscheidung**

  Wie gesehen kommen bei der Vollstreckung vertretbarer und unvertretbarer Handlungen je verschiedene Zwangsmittel in Betracht. Welches Zwangsmittel konkret ergriffen wird, liegt im Auswahlermessen der Behörde. Von mehreren möglichen und zur Gefahrenabwehr geeigneten Zwangsmitteln muss jenes gewählt werden, das den Pflichtigen und die Allgemeinheit am wenigsten belastet (§ 19 Abs. 2 LVwVG). Daneben muss bei der Auswahlentscheidung selbstverständlich in die Überlegung einfließen, mit welchem Mittel der VA am effektivsten beseitigt werden kann. Bei der Auswahl handelt es sich um eine Ermessensentscheidung, die gerichtlich nur auf bestimmte Ermessensfehler hin kontrolliert wird (vgl. § 114 VwGO).

Die Polizei hat sich vorliegend für die Vollstreckung im Wege der Ersatzvornahme entschieden, indem sie diese angedroht hat. Zu fragen ist, ob diese Entscheidung rechtlichen Maßstäben standhält. Dabei ist zu beachten, dass die Auswahlentscheidung der Behörde nur einer eingeschränkten gerichtlichen Kontrolle auf sog. Ermessensfehler unterliegt (§ 114 VwGO).

Da C vorliegend zu einer vertretbaren Handlung verpflichtet wurde, kommen als Zwangsmittel Zwangsgeld und Ersatzvornahme in Betracht. Da die Ersatzvornahme besser geeignet war, die Gefahr auch tatsächlich zu beseitigen, bestehen keine Bedenken gegen die Auswahlentscheidung des A. Ermessensfehler sind dementsprechend nicht ersichtlich. Die Entscheidung für die Ersatzvornahme war damit rechtmäßig.

3.2.2 Besondere Rechtmäßigkeitsanforderungen an die Ersatzvornahme

Bei der Ersatzvornahme ist an dieser Stelle nur wenig zu prüfen. Dass begrifflich eine Ersatzvornahme vorliegt, wurde schon i. R. d. Auswahl der Rechtsgrundlage angesprochen. Auf die Soll-Vorschrift des § 20 Abs. 5 LVwVfG ist bereits i. R. d. formellen Rechtmäßigkeit unter Punkt 2.3. (Androhung) eingegangen worden.

Begrifflich setzt die Ersatzvornahme nach (§ 63 Abs. 1 PolG i. V. m. § 25 LVwVG) voraus, dass eine vertretbare Handlung (etwa) durch die Vollstreckungsbehörde oder einen von ihr beauftragten Dritten auf Kosen des Pflichtigen ausgeführt wird. Vorliegend hatte der A dem C angedroht, die Scherben auf Kosten des C durch ein privates Unternehmen beseitigen zu lassen. Dabei hätte es sich um eine Ersatzvornahme gehandelt.

Dass vorliegend von der Mitteilung der voraussichtlichen Kosten nach § 20 Abs. 5 LVwVG abgesehen werden konnte, wurde bereits begründet (vgl. 2.3. Androhung).

3.2.3 Abschließende Prüfung der Verhältnismäßigkeit (§§ 5, 19 Abs. 2, Abs. 3 PolG)

Gegen die Verhältnismäßigkeit der Androhung bestehen mit Blick auf den Rang der gefährdeten Rechtsgüter (körperliche Unversehrtheit, Eigentum) und das Interesse an einer raschen Gefahrenabwehr keine Bedenken.

Hinweis

Vielfach stellt die Verhältnismäßigkeitsprüfung einen Schwerpunkt der Klausur dar, bei dem sich mit guten Argumenten leicht Punkte sammeln lassen. Im vorliegenden Fall bestehen jedoch genug andere Probleme und die Verhältnismäßigkeit unterliegt auch in der Sache keinen vernünftigen Zweifeln.

Für Interessierte: Man könnte sich natürlich fragen, ob die Androhung nicht erforderlich war, weil der A letztlich wohl kein Unternehmen beauftragt, sondern die Scherben (wozu auch zu raten wäre) selbst beseitigt hätte. Mangels entsprechender Hinweise im Sachverhalt musste auf diese Problematik vorliegend aber nicht eingegangen werden.

Ergebnis

Die Androhung, die Scherben auf Kosten des C beseitigen zu lassen, war rechtmäßig.

Fall 18
Unmittelbare Ausführung einer Maßnahme

Sachverhalt

Ein Fahrzeug steht mitten in der Nacht in einer unübersichtlichen und scharfen Kurve einer viel befahrenen Straße. Es ist weit und breit niemand zu sehen. Der Halter und Fahrer C ist telefonisch nicht erreichbar. Um einen Unfall zu vermeiden und um die Beeinträchtigung der Sicherheit und Leichtigkeit des Verkehrs abzustellen, lassen die Polizeibeamten A und B des Polizeireviers Göppingen den Pkw durch den Abschleppdienst abschleppen.

Aufgabe

War das Vorgehen von A und B rechtmäßig?

Merke

Die dargestellten Vollstreckungsmaßnahmen beziehen sich auf die Vollstreckung eines Grundverwaltungsakts: ohne Grundverwaltungsakt keine Vollstreckung.

Was aber, wenn – wie im Beispiel – gegen eine Gefahr oder Störung vorgegangen werden muss, aber gar kein VA ergehen kann? Diese Problematik tritt häufig auf, wenn der potenzielle Adressat eines VA – im Bsp. der Fahrer oder Halter des Pkw – nicht vor Ort, oder nicht erreichbar ist. Dann kann kein VA bekannt gegeben und damit auch nicht wirksam werden (vgl. §§ 41 Abs. 1, 43 Abs. 1 LVwVfG).

In diesen Konstellationen wird eine effektive Gefahrenabwehr durch die Rechtsfigur der „Unmittelbaren Ausführung einer Maßnahme“ gewährleistet. Das bedeutet, dass eine Maßnahme auch dann vorgenommen (unmittelbar ausgeführt) werden darf, wenn vorher kein VA ergehen konnte. Man kann dies auf die Formel bringen, dass die unmittelbare Ausführung einer Maßnahme im Grunde eine **Ersatzvornahme ohne VA** ist.

§ 8 Abs. 1 S. 1 PolG erklärt die unmittelbare Ausführung für zulässig, wenn der polizeiliche Zweck durch Maßnahmen gegen die in den §§ 6, 7 PolG bezeichneten Personen nicht oder nicht rechtzeitig erreicht werden kann. Daraus ergibt sich: Die unmittelbare Ausführung ist **subsidiär** gegenüber dem Erlass und der Vollstreckung eines VA.

Wichtig: § 8 Abs. 1 S. 1 PolG soll nur darüber hinweghelfen, dass kein VA ergehen kann. Er soll aber nicht die Polizei dazu ermächtigen, losgelöst von den sonstigen Rechtsgrundlagen Maßnahmen zu ergreifen. Deshalb gilt: Es muss bei der Anwendung des § 8 Abs. 1 PolG immer geprüft werden, ob ein entsprechender VA hätte ergehen **können**, wenn die Bekanntgabe (§ 43 Abs. 1 LVwVfG) möglich gewesen wäre. I.R.d. § 8 Abs. 1 PolG ist daher ein gedachter oder hypothetischer VA zu prüfen. Damit lässt sich die obige Formel konkretisieren: Die unmittelbare Ausführung ist die Vollstreckung eines gedachten/hypothetischen VA im Wege der Ersatzvornahme.

Lösungsvorschlag

1. Rechtsgrundlage für unmittelbare Ausführung – § 8 Abs. 1 S. 1 PolG i.V.m. der Rechtsgrundlage einer „hypothetischen Grundverfügung", hier: §§ 1, 3 PolG

Zu fragen ist nach der Rechtsgrundlage für die Maßnahme der Polizeibeamten: Das Abschleppen des Pkw des C durch eine entsprechende Beauftragung eines Abschleppunternehmens. Da der C (oder andere mögliche Adressaten) nicht zugegen waren, konnte kein VA bekannt gegeben und damit wirksam werden (§§ 41 Abs. 1, 43 Abs. 1 LVwVfG). Mangels Grundverwaltungsakts kann das Abschleppen daher nicht als Ersatzvornahme i.S.d. § 63 Abs. 2 PolG i.V.m. §§ 2, 25 LVwVG qualifiziert werden.

Allerdings stellt sich das Abschleppen als eine unmittelbare Ausführung i.S.d. § 8 Abs. 1 PolG dar. Denn diese gleicht äußerlich einer Ersatzvornahme, setzt aber keinen VA voraus. § 8 Abs. 1 PolG will aber nur darüber hinweghelfen, dass kein VA ergehen kann. Sein Ziel ist nicht, an den sonstigen Rechtsgrundlagen vorbei polizeiliche Maßnahmen zu ermöglichen. Daher ist i.R.d. § 8 Abs. 1 PolG ein sog. „hypothetischer Grundverwaltungsakt" zu prüfen; geprüft wird, ob ein entsprechender VA hätte ergehen dürfen, wenn ein Adressat zugegen gewesen wäre.

2. Voraussetzungen des § 8 Abs. 1 Satz 1 PolG

Die geschriebenen Voraussetzungen des § 8 Abs. 1 S. 1 PolG sind gegeben: Da im Fall keine Person vor Ort war, konnte auch nicht gegen Störer i.S.d. §§ 6, 7 PolG vorgegangen werden. Insbesondere war es nicht möglich, einen Störer (rechtzeitig) durch VA in Anspruch zu nehmen, weil ein VA gegen ortsabwesende Personen nicht ad hoc bekannt gegeben und damit auch nicht wirksam werden kann.

3. Voraussetzungen einer hypothetischen Grundverfügung

Wie einleitend begründet ist i. R. d. § 8 Abs. 1 PolG ein sog. „hypothetischer Grundverwaltungsakt" zu prüfen. Zu fragen ist damit, ob A und B den (hypothetisch anwesenden) C hätten dazu verpflichten dürfen, sein Kfz aus der Kurve zu fahren.

3.1 Rechtsgrundlage der hypothetischen Grundverfügung

Eine gedachte Verfügung an C, seinen Wagen aus der Kurve zu fahren, wäre in Ermangelung spezieller Rechtsgrundlagen auf die polizeiliche Generalklausel, §§ 1, 3 PolG, zu stützen.

3.2 Formelle Rechtmäßigkeit der hypothetischen Grundverfügung

3.2.1 Zuständigkeit

3.2.1.1 Sachliche Zuständigkeit (Abgrenzung Polizeibehörde – PVD)

In Ermangelung spezieller Rechtsgrundlagen bemisst sich die sachliche Zuständigkeit nach § 105 PolG. Abweichend vom Grundsatz des § 105 Abs. 1 PolG ergibt sich die Zuständigkeit des PVD – eine Parallelzuständigkeit i. S. d. § 105 Abs. 3 PolG besteht für die §§ 1, 3 PolG nicht – aus § 105 Abs. 2 PolG: Mit Blick auf die besondere Gefährlichkeit der Situation erschien ein sofortiges Tätigwerden erforderlich (Eilkompetenz des PVD).

Hinweis

Zeigen Sie dem Korrektor, dass Sie die Systematik verstanden haben: Erst wird nach speziellen Regelungen außerhalb, dann innerhalb des PolG gefragt. Erst dann wird auf § 105 PolG zurückgegriffen. Hier gilt: Erst stellen Sie den Grundsatz des Abs. 1 dar, dann gehen Sie auf die Ausnahmen nach Abs. 3, dann auf Abs. 2 PolG ein.

3.2.1.2 örtliche Zuständigkeit

Grundsätzlich sind die Polizeidienststellen gemäß § 120 S. 1 PolG im ganzen Landesgebiet zuständig. Überdies ist in Ermangelung anderer Anhaltspunkte davon auszugehen, dass A und B innerhalb ihres Dienstbezirks tätig wurden. Damit ist selbst der Soll-Bestimmung des § 120 Satz 2 PolG entsprochen.

Hinweis

Auf die hierarchische Zuständigkeit wurde hier gar nicht eingegangen, da völlig unproblematisch.

Ebenso wurde nicht auf Verfahren und Form des hypothetischen VA eingegangen. Da tatsächlich kein VA ergangen war, machte eine solche Prüfung keinen Sinn.

3.3 Materielle Rechtmäßigkeit der hypothetischen Grundverfügung

Das Parken des Pkw in einer scharfen Kurve verstößt gegen § 12 Abs. 1 StVO, damit ist mit Blick auf das Schutzgut „gesamte Rechtsordnung" eine Störung der öffentlichen Sicherheit gegeben. Auch mit Blick auf die potenziell betroffenen Schutzgüter (Leben, körperliche Unversehrtheit) liegt eine Gefahr für die öffentliche Sicherheit vor. Gefahr ist eine Sachlage, die bei ungehindertem Geschehensablauf in absehbarer Zeit und mit hinreichender Wahrscheinlichkeit den Eintritt eines Schadens an einem polizeilichen Schutzgut befürchten lässt, sofern nicht alsbald Abwehrmaßnahmen getroffen werden.

Der C wäre auch der richtige Adressat (Verhaltensstörer nach § 6 Abs. 1 PolG; denkbar auch § 7 PolG) und die Maßnahme nach § 1 Abs. 1, 3 PolG wäre auch ermessensfehlerfrei, insbesondere verhältnismäßig, genauso wie die unmittelbare Ausführung als solche ermessensfehlerfrei und verhältnismäßig erging. Insbesondere die Beauftragung eines Abschleppunternehmens war hier angezeigt, da die Polizei das Fahrzeug nicht mit eigenen Mitteln entfernen kann.

Hinweis

Der C ist nach § 8 Abs. 2 PolG zum Ersatz der Kosten für den Abschleppdienst verpflichtet.

Ergebnis

Die Erteilung des Abschleppauftrags stellte eine unmittelbare Ausführung einer Maßnahme durch die Polizei dar. Die von der Maßnahme betroffene Person sollte noch gem. § 8 Abs. 1 Satz 2 PolG BW benachrichtigt werden.

Merke

Unterscheidung Ersatzvornahme im Wege eines vollstreckbaren Verwaltungsakts oder Ersatzvornahme durch unmittelbare Ausführung einer Maßnahme durch die Polizei:

- Bei § 25 LVwVG: Der Verhaltens-/Zustandsstörer **W I L L** nicht ...
- Bei § 8 PolG: Der Verhaltens-/Zustandsstörer **K A N N** nicht ...

Fall 19
Vollstreckbarer Verwaltungsakt – Ersatzvornahme – Androhung

Sachverhalt

An einem verregneten Nachmittag wird die Polizei in Nagold von einem Einwohner in Gültlingen, Lkrs. Calw, darüber informiert, dass ein Landwirt beim Ausbringen von Kuhmist eine Straße gefährlich verschmutzt habe.

Auf Nachfrage erfährt der DGL, dass das landwirtschaftliche Anwesen direkt neben der K 4300 liege, die an dieser Stelle ein starkes Gefälle (12 %) aufweist und als untergeordnete Straße mit diesem Gefälle 20 m weiter in die Hauptstraße einmündet.

Der Anrufer meint, dass Pkw-Lenker durch den Mist auf der nassen und abschüssigen Straße beim Abbremsen an der Einmündung ins Schleudern geraten könnten.

Am Ereignisort bestätigen sich die Angaben. Der Landwirt Kohler (K) belädt mit einem schwenkbaren Mistkran den auf der Straße stehenden Miststreuer. Durch dieses Beladen muss gelegentlich Mist aus den Greifarmen des Krans oder vom Miststreuer heruntergefallen sein.

Auf der nassen Kreisstraße liegt der Kuhmist reichlich und großflächig verteilt.

Die Streife, POM Brunner (B) und PM Moser (M), weist den Landwirt auf diese Gefahrenquelle hin und bittet ihn, den auf der Straße liegenden Mist sofort zusammenzukehren und zu beseitigen.

K entgegnet den Polizeibeamten, dass es nun bald Nacht werden würde, er noch zwei Wagenladungen auf die Felder ausbringen müsse und gerade keine Zeit hätte, das „bisschen Geraffel" auf der Straße zusammenzufegen. Der starke Regen würde das schon die abschüssige Straße hinabspülen.

B bittet den Landwirt, sich die verschmutzte Straße selbst anzuschauen, um sich ein Bild vom Ausmaß der Verunreinigung machen zu können. Der Landwirt kommt diesem Vorschlag missmutig nach, schlägt aber die zweite Aufforderung, die von der Streife solange mittels Blaulichts abgesicherte Gefällstrecke sofort zu reinigen, mit den Worten in den Wind: *„Ich will das jetzt nicht machen, bei euch ist immer alles gleich so dramatisch und maßlos übertrieben. Die Polizei soll uns Bäuerle doch schaffen lassen!"*

B fordert den K noch einmal deutlich auf, den auf der Straße verteilten Kuhmist zu beseitigen. Die Reinigung der Straße sei auf der Stelle erforderlich. K will jedoch augenscheinlich mit dem Miststreuer auf seinen Acker fahren.

Daraufhin droht B dem Landwirt K unmissverständlich an, bei weiterer Weigerung den Bauhof der Stadt Wildberg zu verständigen, damit deren Mitarbeiter den Mist von der Straße beseitigen. Auch eröffnet er Herrn K, dass dieser dann für sämtliche Kosten aufkommen müsse.

K gelangt zur Einsicht und reinigt nunmehr die Straße, während die Streife den betroffenen Straßenabschnitt während der Reinigung sichert.

Aufgabe

Prüfen Sie, ob die Androhung der Vollstreckung der polizeilichen Maßnahme (den Mist beseitigen zu lassen) mit dem Zwangsmittel Ersatzvornahme rechtmäßig war.

Lösungsvorschlag

1. Ermächtigungsgrundlage

Da auch mit der Androhung von Zwangsmitteln in Grundrechte (zumindest in Art. 2 Abs. 1 GG) eingegriffen wird, bedarf es einer gesetzlichen Ermächtigungsgrundlage. Diese ergibt sich aus § 63 Abs. 1 PolG BW, § 20 LVwVG i. V. m. §§ 2, 18, 19 Abs. 1 Nr. 2, 20 Abs. 1 und Abs. 5, 25 LVwVG.

2. Formelle Rechtmäßigkeit der Vollstreckungsmaßnahme

Auch für die bloße Androhung nach § 63 Abs. 1 PolG BW in Verbindung mit § 20 LVwVG müssen die formellen Rechtmäßigkeitsvoraussetzungen vorliegen.

2.1 Sachliche Zuständigkeit

Vollstreckungsbehörde ist laut § 4 Abs. 1 LVwVG diejenige Behörde, die den Verwaltungsakt (Reinigung der Straße) erlassen hat.

Dies ist hier der Polizeivollzugsdienst. Der PVD ist somit auch für die Vollstreckung mittels Ersatzvornahme zuständig.

2.2 Anhörung

Nach § 28 Abs. 1 LVwVfG sind Beteiligte anzuhören, bevor ein VA (Androhung ist VA) erlassen wird, der in deren Rechte eingreift. Eine Anhörung ist hier laut Sachverhalt sogar erfolgt, wäre aber auch nach § 28 Abs. 2 Nr. 5 LVwVfG entbehrlich.

2.3 Androhung

Die notwendige schriftliche Androhung einer Ersatzvornahme nach § 63 Abs. 1 PolG BW i.V.m. §§ 2, 18, 19 Abs. 1 Nr. 2, 20 Abs. 1 und Abs. 5, 25 LVwVG, um deren Rechtmäßigkeit es ja letztlich geht, ist eine Frage der formellen Rechtmäßigkeit. Letztlich wird man sagen können, dass die Androhung – die hier erfolgt ist und nach § 20 Abs. 1 LVwVG auch mündlich erfolgen konnte – für sich gesehen nur dann rechtmäßig sein kann, wenn die angedrohte Zwangsvollstreckung (hier in Form der Ersatzvornahme) selbst rechtmäßig ist, weshalb nachfolgend weitergeprüft wird, ob eine (angedrohte) Ersatzvornahme rechtmäßig war.

3. Materielle Rechtmäßigkeit

Hier sind jetzt die materiellen Rechtmäßigkeitsvoraussetzungen der (angedrohten) Ersatzvornahme zu prüfen.

3.1 Allgemeine Vollstreckungsvoraussetzungen (§ 2 LVwVG)

Gemäß § 2 LVwVG können Verwaltungsakte vollstreckt werden, wenn diese unanfechtbar geworden sind (§ 2 Nr. 1 LVwVG) oder die aufschiebende Wirkung eines Rechtsbehelfs entfällt (§ 2 Nr. 2 LVwVG).

Die allgemeinen Vollstreckungsvoraussetzungen liegen hier zweifellos vor. Die Weisung, die Straße zu reinigen, stellt unzweifelhaft einen VA im Sinne des § 35 Satz 1 LVwVfG dar, der auch durch die mündliche Bekanntgabe wirksam wurde (§§ 37 Abs. 2, 41, 43 LVwVfG).

Der besagte VA war auch vollstreckbar. Nach § 21 LVwVG kann bei Gefahr im Verzug von der Voraussetzung des § 2 Abs. 1 LVwVG abgesehen werden, was hier der Fall ist, da die Reinigung der Straße unverzüglich zu erfolgen hatte.

3.2. Auswahl des Zwangsmittels und dessen besondere Rechtmäßigkeitsvoraussetzungen (Besondere Vollstreckungsvoraussetzungen)

Nachfolgend ist zu prüfen, ob die Ersatzvornahme das richtige Zwangsmittel ist und ob dessen materielle Rechtmäßigkeitsvoraussetzungen vorliegen.

3.2.1 Auswahl des Zwangsmittels

§ 19 Abs. 1 LVwVG listet abschließend die der Behörde zur Verfügung stehenden Zwangsmittel auf: Zwangsgeld, Zwangshaft, Ersatzvornahme sowie unmittelbarer Zwang. Um das richtige Zwangsmittel zu wählen, muss zunächst geprüft werden, ob die angedrohte Maßnahme eine vertretbare oder eine unvertretbare Handlung darstellt.

- **Vertretbare Handlungen**

  Das sind Handlungen, die nicht nur durch den Betroffenen, sondern auch durch andere Personen durchgeführt werden. Bei der vertretbaren Handlungspflicht kommen als Zwangsmittel Zwangsgeld, Zwangshaft und Ersatzvornahme in Betracht.

- **Unvertretbare Handlungen**

  Diese können nur durch die betroffene Person selbst oder an der betroffenen Person selbst durchgeführt werden. Hier kommt als Zwangsmittel vor allem der unmittelbare Zwang in Betracht, aber auch Zwangsgeld und (Ersatz-)Zwangshaft sind in Einzelfällen denkbar. Die Ersatzvornahme kommt hier nicht in Betracht.

  Den Mist zu beseitigen, ist eine vertretbare Handlung im wörtlichen Sinne, denn diese Handlung kann nicht nur von K selbst, sondern von jeder anderen Person durchgeführt werden. Deswegen kommen im

Weigerungsfall die Androhung bzw. Durchsetzung der Ersatzvornahme in Betracht. K weigert sich zunächst, den Mist zu beseitigen, weshalb die Androhung der Ersatzvornahme durch den PVD erfolgt ist.

> **Merke**
>
> Unvertretbare Handlungspflichten sind Handlungen, die nur durch eine Person selbst (in eigener Person) und nicht durch eine andere Person durchgeführt werden können. Das ist eine Leistung, die nur sie selbst erbringen kann, z. B. die Wohnung nach einem Wohnungsverweis verlassen. Eine andere Person kann diese Handlungspflicht nicht übernehmen.

3.2.2 Besondere Rechtmäßigkeitsanforderungen der Ersatzvornahme (§§ 63 Abs. 1 PolG BW in Verbindung mit § 25 LVwVG)

Die Ersatzvornahme nach § 25 LVwVG kann also dann zur Vollstreckung angewandt werden, wenn der VA zur Ausführung einer vertretbaren Handlung verpflichtet und der Adressat sich – wie hier – weigert, selbst zu handeln. Dies kann durch Eigenvornahme (hier PVD) oder Fremdvornahme (Beauftragung eines Dritten) geschehen.

Nach § 20 Abs. 5 LVwVG sollen bei der Androhung der Ersatzvornahme die voraussichtlichen Kosten angegeben werden. Da es sich hier aber nur um eine „Soll-Vorschrift" handelt, ist die unterbliebene Kostenfestsetzung unschädlich.

3.2.3 Ermessensfehlerfreie, insbesondere verhältnismäßige Entscheidung (abschließende Prüfung der Verhältnismäßigkeit, § 19 Abs. 2 und 3 LVwVG und § 5 PolG BW)[12]

§ 19 Abs. 2 LVwVG und § 5 PolG BW verpflichten die Polizei zur Anwendung des mildesten Mittels. Der PVD droht die Anwendung des Zwangsmittels „*Ersatzvornahme*" an. Gemäß § 19 Abs. 3 LVwVG und § 5 Abs. 2 PolG BW darf durch die Anwendung des Zwangsmittels auch kein Nach-

12 Da das PolG BW in § 63 Abs. 1 im Hinblick auf das Zwangsmittel Ersatzvornahme auf das LVwVG verweist, sind die dortigen besonderen Normen zur Verhältnismäßigkeit auch hier zu berücksichtigen.

teil herbeigeführt werden, der erkennbar außer Verhältnis zum Zweck der Vollstreckung steht.

Durch die Ersatzvornahme, einschließlich der damit verbundenen Kosten, würde kein Nachteil für K entstehen, der außer Verhältnis zum Zweck der Vollstreckung steht. Dadurch, dass der Mist beseitigt wird, stellt die Polizei die Sicherheit des Straßenverkehrs wieder her.

Zwangsgeld und Zwangshaft nach §§ 23, 24 LVwVG kommen aufgrund der zeitlichen Dringlichkeit als Zwangsmittel nicht infrage. Andere Ermessensfehler sind nicht ersichtlich.

Die Maßnahme ist somit geeignet, erforderlich und angemessen.

Ergebnis

Die Androhung der Ersatzvornahme ist rechtmäßig. Nach § 10 LVwVG hat die Streife im Übrigen über die Vollstreckungshandlung, die nicht schriftlich ergangen ist, eine Niederschrift zu fertigen. Die Beamten haben auf dem Revier hierzu ein Vorkommnis zu fertigen.

Fall 20
Unmittelbarer Zwang – Anwendung Pfefferspray

Sachverhalt

Am 20.10.2024, 22.35 Uhr, erhalten zwei Beamte den Auftrag, einen blauen VW Golf, amtl. Kennzeichen KN-AX 123, zugelassen auf Martin Mann (M), geb. 01.01.1974/Konstanz, zu überprüfen, der auf der B 33 von Konstanz in Richtung Allensbach in starken „Schlangenlinien" fahren soll.

Des Weiteren wird mitgeteilt, dass der Pkw mit einer Person besetzt ist. Diese habe dunkle kurze Haare, Brille und sei ca. 50 Jahre alt.

Auf Höhe der Kindlebildkreuzung können die Beamten das Fahrzeug entdecken und zu ihm aufschließen. Das Fahrzeug fährt mehrere Male deutlich über die Mittellinie und in den Randbereich der Fahrbahn. Die Beamten schalten ihr Blaulicht und ihre Anzeige mit „Stopp Polizei" ein und blenden, nachdem der Fahrer darauf nicht reagiert, mehrfach mit dem Fernlicht auf. Erst nach mehreren Minuten bemerkt der Fahrzeugführer sie und fährt sein Fahrzeug an den rechten Fahrbahnrand in eine Einbuchtung.

Die Beamten gehen auf das Fahrzeug zu und führen zunächst eine Verkehrskontrolle durch. Hierbei stellen sie fest, dass der Fahrer, Herr M stark alkoholisiert ist. Er händigt Führerschein und Zulassungsbescheinigung Teil I aus.

Anschließend bieten die Beamten dem M einen Atemalkoholtest an. M versucht den Test durchzuführen, was ihm jedoch nicht gelingt.

Nach mehreren fehlgeschlagenen Versuchen eröffnen die Beamten dem M, dass sie ihn nun zur Überprüfung der Atemalkoholkonzentration mit zur Dienststelle nehmen werden. Falls erforderlich, würden sie die Maßnahme auch mit unmittelbarem Zwang, in Form von einfacher körperlicher Gewalt, durchsetzen. Hierauf reagiert M äußerst ungehalten und entgegnet, dass er nirgendwo freiwillig hingehen werde. Dazu müsste man ihn schon zuvor totschlagen.

Ein erneuter Versuch, ihn zum Mitkommen zum Dienstfahrzeug zu bewegen, schlägt fehl. Hierauf ergreift ein Beamter den Arm des M, um ihn zum Dienst-Kfz mitzunehmen. M versucht jedoch vehement, seinen Arm wieder aus dem Polizeigriff zu befreien, was ihm letztlich auch gelingt. M rennt nun drohend auf die Beamten zu, offensichtlich um seine anschließende Flucht zu ermöglichen. Um die Flucht bzw. einen eventuellen Angriff zu verhindern und um M habhaft zu werden, sprüht ein Beamter ihm aus ihrem mitgeführten Pfefferspray einen Sprühstoß ins Gesicht. Daraufhin sackt M zusammen. Die Beamten können M die Handschließen anlegen und ins Dienst-Kfz verbringen.

Aufgabe

Prüfen Sie, ob die Anwendung von Pfefferspray rechtmäßig war!

Hinweis

Die Überprüfung der Alkoholisierung des Fahrers stellt eine Maßnahme nach der StPO dar. Die StPO kennt jedoch keine Zwangsmittel, sondern lehnt sich hierbei an das PolG BW an. Daher dürfen Zwangsmittel aus dem PolG BW angewendet werden. Die Anwendung von Pfefferspray ist die Anwendung des UZW in Form von Waffengebrauch (vertretbar erscheint auch, die Anwendung von Pfefferspray als Hilfsmittel der körperlichen Gewalt einzustufen).

Lösungsvorschlag

Die §§ 63 ff. PolG regeln die Anwendung von UZW.

1. Ermächtigungsgrundlage

Nach §§ 63 Abs. 2, 64 ff. PolG BW wendet die Polizei das Zwangsmittel unmittelbarer Zwang nach den Vorschriften dieses Gesetzes, also des Polizeigesetzes, an. Allerdings verweist das PolG BW in § 66 Abs. 4 PolG BW in weiten Teilen wieder auf das LVwVG.

2. Formelle Rechtmäßigkeit der Vollstreckungsmaßnahme

Die formellen Voraussetzungen für die Anwendung des unmittelbaren Zwangs müssen vorliegen.

2.1 Sachliche Zuständigkeit

Die Anwendung von UZW obliegt gemäß §§ 63 Abs. 2, 65 PolG BW ausschließlich den Beamten des PVD, die hier gehandelt haben.

2.2 Anhörung

Von einer Anhörung kann in der Verwaltungsvollstreckung grundsätzlich nach § 28 Abs. 2 Nr. 5 LVwVfG abgesehen werden. Allerdings hat die Anwendung unmittelbaren Zwangs für sich gesehen ohnehin den Charakter eines Realaktes, weshalb eine Anhörung in Bezug auf einen VA ohnehin nicht in Betracht kommt.

2.3 Androhung

Unmittelbarer Zwang ist nach § 66 Abs. 2 PolG BW vor seiner Anwendung anzudrohen, soweit es die Umstände zulassen.

M wurde der UZW in Form von einfacher körperlicher Gewalt angedroht. Eine Androhung des Pfeffersprays war aufgrund des Flucht- bzw. des Angriffsversuchs des M zeitlich nicht mehr möglich. Somit haben es die Umstände nicht zugelassen, explizit das Pfefferspray anzudrohen.

3. Materielle Rechtmäßigkeit

Auch die materiellen Rechtmäßigkeitsvoraussetzungen müssten vorgelegen haben.

3.1 Allgemeine Vollstreckungsvoraussetzungen (§ 2 LVwVG)

Grundsätzlich können gemäß § 2 LVwVG Verwaltungsakte vollstreckt werden, wenn diese unanfechtbar geworden sind (§ 2 Nr. 1 LVwVG) oder die aufschiebende Wirkung eines Rechtsbehelfs entfällt (§ 2 Nr. 2 LVwVG).

Vorliegend geht es aber um die Überprüfung der Alkoholisierung des Fahrers, was eine Maßnahme nach der StPO darstellt. Die StPO kennt jedoch keine Zwangsmittel, sondern lehnt sich hierbei an das PolG BW an. Daher dürfen Zwangsmittel aus dem PolG BW angewendet werden. Die Anwendung von Pfefferspray ist die Anwendung des unmittelbaren Zwangs in Form von Waffengebrauch (vertretbar erscheint auch, die Anwendung von Pfefferspray als Hilfsmittel der körperlichen Gewalt einzustufen).

3.2 Auswahl des Zwangsmittels und dessen besondere Rechtmäßigkeitsvoraussetzungen (Besondere Vollstreckungsvoraussetzungen)

Die Beamten müssten das richtige Zwangsmittel ausgewählt und dessen besondere Rechtmäßigkeitsvoraussetzungen müssten vorgelegen haben.

3.2.1 Auswahl des Zwangsmittels

Bei der Pflicht des M, mit zur Dienststelle zu kommen, handelt es sich um eine unvertretbare Handlung, sodass das Zwangsmittel unmittelbarer Zwang in Betracht kommt.

3.2.2 Besondere Rechtmäßigkeitsanforderungen der Anwendung unmittelbaren Zwangs (§§ 63 Abs. 2, 66 Abs. 1, Abs. 4 PolG BW i. V. m. den Vorschriften des LVwVG)

Beim Einsatz des Pfeffersprays müssten die Definitionsmerkmale des unmittelbaren Zwangs erfüllt sein und die besonderen Rechtmäßigkeitsvoraussetzungen des unmittelbaren Zwangs in Form des Waffengebrauchs müssten vorliegen.

3.2.2.1 Definition

Unmittelbarer Zwang ist jede Einwirkung auf Personen oder Sachen durch einfache körperliche Gewalt, Hilfsmittel der körperlichen Gewalt oder Waffen (§ 64 Abs. 1 PolG BW), die ausschließlich vom Innenministerium bestimmt werden (§ 64 Abs. 2 PolG BW i. V. m. VwV zu § 50 Abs. 2 PolG a. F.).

Die Beamten verwenden im Sachverhalt das Pfefferspray (RSG), das im Sinne der VwV eine Waffe darstellt. Hier kann man – wie oben bereits erwähnt – allerdings auch die Auffassung vertreten, dass es aufgrund seiner relativ milden Wirkung im Gegensatz zur Schusswaffe unter den Voraussetzungen der Hilfsmittel der körperlichen Gewalt angewendet wird.

3.2.2.2 Besondere Voraussetzungen des Unmittelbaren Zwangs (§ 66 PolG BW)

- **Unmittelbarer Zwang als letztes Mittel (§ 66 Abs. 1 Satz 1 PolG BW)**

  Die Anwendung von UZW ist nach § 66 Abs. 1 Satz 1 PolG BW zunächst nur zulässig, wenn der polizeiliche Zweck auf andere Weise nicht erreichbar erscheint. Unter „*andere Weise*“ versteht man jedes weniger einschneidende Mittel, das dem PVD zur Verfügung steht.

  Im Sachverhalt wurde der M mehrfach erfolglos unter Androhung von UZW aufgefordert, mit zur Dienststelle zu kommen. Zunächst wendete ein Beamter einen Polizeigriff (einfache körperliche Gewalt) an, aus dem M sich jedoch wieder befreite und zu fliehen bzw. anzugreifen versuchte. Deshalb wurde dann das Pfefferspray eingesetzt, da die Festnahme und das Verbringen zur Dienststelle auf andere Weise nicht möglich gewesen wären.

- **Sachvorrang (§ 66 Abs. 1 Satz 2 PolG BW)**

  Der UZW soll, wenn möglich, zunächst gegen Sachen angewendet werden. Ein UZW gegen Sachen ist hier nicht tauglich, da damit der polizeiliche Zweck nicht erreicht werden kann.

- **Besondere Verhältnismäßigkeit nach § 66 Abs. 1 Satz 3 PolG BW**

  Das angewandte Mittel muss nach Art (hier Einsatz von Pfefferspray) und Maß (ein einzelner Sprühstoß in das Gesicht des M, um seine Flucht bzw. einen Angriff zu verhindern) dem Verhalten, Alter und Zustand des Betroffenen angemessen sein.

M verhält sich renitent/unkooperativ und aggressiv, er hat sich schon aus einem Polizeigriff befreit und versucht zu flüchten (Verhalten). M ist laut SV ca. 50 Jahre alt und gehört somit keiner besonders zu berücksichtigenden Altersgruppe an, bei der man den UZW besonders altersentsprechend abwägen müsste. M ist stark alkoholisiert, es kann laut SV aber davon ausgegangen werden, dass er die Beamten und deren Anweisungen verstehen kann (Zustand).

Somit wurde die besondere Verhältnismäßigkeit beachtet.

- **Übermaßverbot (§ 66 Abs. 3 PolG BW)**

  Das Übermaßverbot gemäß § 66 Abs. 3 PolG BW besagt, dass die Anwendung von UZW zu beenden ist, wenn der polizeiliche Zweck erreicht ist oder durch UZW nicht erreichbar erscheint.

  Im SV wurde einmal mit dem RSG gesprüht, um die Flucht und einen Angriff zu verhindern. Anschließend war das Festhalten möglich und es kam zu keinem weiteren Einsatz des RSG mehr.

3.2.3 Ermessensfehlerfreie, insbesondere verhältnismäßige Entscheidung (abschließende Prüfung der Verhältnismäßigkeit, § 5 PolG BW)

Weitere Ermessensfehler sind nicht ersichtlich. Die Maßnahme (Einsatz des Pfeffersprays) war folglich geeignet, erforderlich und angemessen.

Ergebnis

Die Anwendung des Pfeffersprays war rechtmäßig.

Fall 21
Unmittelbarer Zwang – Schusswaffengebrauch

Sachverhalt

Am regnerischen Samstagnachmittag im September 2024 teilt ein Anrufer dem Polizeirevier Lahr Folgendes mit:

„Auf dem Spielplatz Froschberg befindet sich seit einer halben Stunde ein Mann, der sich merkwürdig verhält. Er läuft dort mit einem bulligen Hund auf und ab und schaut hin und wieder auf sein Handy. Das ist niemand, der auf dem Spielplatz ist, um dort mit Kindern zu spielen. Ich denke auch, er wartet nicht auf jemanden, der mit Kindern kommt. Mir kommt der Mann verdächtig vor.“

Auf Nachfrage gibt der Anrufer folgende Personenbeschreibung:

„Der Mann ist ca. 30 Jahre alt, sehr groß und sehr kräftig. Landläufig bezeichnet man solche Menschen als „Kleiderschrank“. Seine Haare hat er als Zopf zusammengebunden. Er ist mit einer ärmellosen Lederjacke bekleidet, darunter trägt er ein langärmeliges dunkles Hemd, abgetragene Jeans mit einem auffallend breiten Gürtel. Der Mann hat einen schwarzen, bulligen Hund bei sich.“

Der Anrufer vermutet, dass der Mann möglicherweise auf jemanden wartet, da er auf- und abläuft und öfters sein Mobiltelefon bedient.

PK Schillinger (S) und POK Müller (M) werden vom Dienstgruppenleiter gebeten, den sich verdächtig verhaltenden Mann auf dem Kinderspielplatz zu überprüfen. Ihnen ist bekannt, dass sich dort in letzter Zeit auch Personen aufgehalten haben, die dort zechten, Wodka-Flaschen zerschlugen und in betrunkenem Zustand Passanten anpöbelten.

Am Spielplatz angekommen, scheint der Mann vom Eintreffen der Beamten überrascht zu sein. Er hält sich als einziger auf dem Spielplatz auf und die Personenbeschreibung trifft auf ihn zu, zumal ein Staffordshire-Terrier neben ihm steht.

Als M ihm mitteilt, dass seine Identität festgestellt werden soll, läuft der Staffordshire-Terrier auf die Beamten zu und beginnt zu knurren. S fordert den Hundehalter auf, das Tier sofort an die Leine zu nehmen; bei einem Angriff durch das Tier droht S den Schusswaffengebrauch gegen den Hund an.

Der Mann (der später als Herr Hanebüchen [H] identifiziert wird) entgegnet mit aggressivem Tonfall: *„Attila frisst keinen Bullshit, haut ab, ihr Abziehbilder!“*

Da der Hund den Beamten bedrohlich nahekommt (Abstand unter drei Meter), ruft S noch einmal: *„Den Hund sofort an die Leine, oder ich schieße auf ihn!“*

Als H nur höhnisch grinst und der Staffordshire-Terrier weiter auf die bereits zurückweichende Streife zuläuft, wird der Hund von S mit der Dienstpistole erschossen.

Aufgabe

War die Anwendung der Schusswaffe gemäß §§ 63 ff. PolG BW rechtmäßig?

Lösungsvorschlag

Die §§ 63 ff. PolG regeln die Anwendung von UZW.

1. Ermächtigungsgrundlage

Nach §§ 63 Abs. 2, 64 ff. PolG BW wendet die Polizei das Zwangsmittel unmittelbarer Zwang nach den Vorschriften dieses Gesetzes, also des Polizeigesetzes, an. Allerdings verweist das PolG BW in § 66 Abs. 4 PolG BW in weiten Teilen wieder auf das LVwVG.

2. Formelle Rechtmäßigkeit der Vollstreckungsmaßnahme

Die formellen Voraussetzungen für die Anwendung des unmittelbaren Zwangs müssen vorliegen.

2.1 Sachliche Zuständigkeit

Die Anwendung von UZW obliegt gemäß §§ 63 Abs. 2, 65 PolG BW ausschließlich den Beamten des PVD, die hier gehandelt haben.

2.2 Anhörung

Von einer Anhörung kann in der Verwaltungsvollstreckung grundsätzlich nach § 28 Abs. 2 Nr. 5 LVwVfG abgesehen werden. Allerdings hat die Anwendung unmittelbaren Zwangs für sich gesehen ohnehin den Charakter eines Realaktes, weshalb eine Anhörung in Bezug auf einen VA ohnehin nicht in Betracht kommt.

2.3 Androhung

Unmittelbarer Zwang ist nach § 66 Abs. 2 PolG BW, soweit es die Umstände zulassen, vor seiner Anwendung anzudrohen.

H wurde der UZW in Form des Schusswaffengebrauchs angedroht. Eine Androhung ist damit erfolgt.

3. Materielle Rechtmäßigkeit

Auch die materiellen Rechtmäßigkeitsvoraussetzungen müssten vorgelegen haben.

3.1 Allgemeine Vollstreckungsvoraussetzungen (§ 2 LVwVfG)

Gemäß § 2 LVwVG können Verwaltungsakte vollstreckt werden, wenn diese unanfechtbar geworden sind (§ 2 Nr. 1 LVwVG) oder die aufschiebende Wirkung eines Rechtsbehelfs entfällt (§ 2 Nr. 2 LVwVG).

Die allgemeinen Vollstreckungsvoraussetzungen liegen hier zweifellos vor. Die Weisung, den Hund an die Leine zu nehmen, stellt unzweifelhaft einen VA im Sinne des § 35 Satz 1 LVwVfG dar, der auch durch die mündliche Bekanntgabe wirksam wurde (§§ 37 Abs. 2, 41, 43 LVwVfG). Der VA war zudem auch bestimmt genug (§ 37 Abs. 1 LVwVfG).

Der besagte VA war auch vollstreckbar. Nach § 21 LVwVG kann bei Gefahr im Verzug von der Voraussetzung des § 2 Abs. 1 LVwVG abgesehen werden, was hier der Fall ist, da der Hund weiter in aggressiver Form auf die Beamten zulief.

3.2 Auswahl des Zwangsmittels und dessen besondere Rechtmäßigkeitsanforderungen (Besondere Vollstreckungsvoraussetzungen)

Die Beamten müssten das richtige Zwangsmittel ausgewählt und dessen besondere Rechtmäßigkeitsvoraussetzungen müssten vorgelegen haben.

3.2.1 Auswahl des Zwangsmittels

Bei der Pflicht des H, seinen Hund anzuleinen, handelt es sich um eine unvertretbare Handlung, sodass das Zwangsmittel unmittelbarer Zwang in Betracht kommt.

3.2.2 Besondere Rechtmäßigkeitsanforderungen der Anwendung unmittelbaren Zwangs (§§ 63 Abs. 2, 66 Abs. 1, Abs. 4 PolG BW i. V. m. den Vorschriften des LVwVG)

Beim Einsatz der Schusswaffe müssten die Definitionsmerkmale des unmittelbaren Zwangs erfüllt sein und die besonderen Rechtmäßigkeitsvoraussetzungen des unmittelbaren Zwangs in Form des Schusswaffengebrauchs müssten vorliegen.

3.2.2.1 Definition

Unmittelbarer Zwang ist jede Einwirkung auf Personen oder Sachen durch einfache körperliche Gewalt, Hilfsmittel der körperlichen Gewalt oder Waffen (§ 64 Abs. 1 PolG BW), die ausschließlich vom Innenministerium bestimmt werden (§ 64 Abs. 2 PolG BW i. V. m. VwV zu § 50 Abs. 2 PolG a. F.).

Die Beamten verwenden im Sachverhalt die Dienstwaffe, die im Sinne der VwV eine Waffe darstellt.

3.2.2.2. Besondere Voraussetzungen des Schusswaffengebrauchs (§ 67 PolG BW)

Die Anwendung von UZW in Form des Schusswaffengebrauchs ist nur zulässig, wenn die allgemeinen Voraussetzungen des unmittelbaren Zwangs vorliegen, wenn mildere Zwangsmittel keinen Erfolg versprechen (§ 67 Abs. 1 Satz 1 PolG BW) und wenn beim Einsatz von Schusswaffen erkennbar Unbeteiligte nicht mit hoher Wahrscheinlichkeit gefährdet werden (§ 67 Abs. 2 PolG BW).

- **Allgemeine Voraussetzungen des unmittelbaren Zwangs (§ 67 Abs. 1 Satz 1, 1. HS PolG BW)**

  Die Allgemeinen Voraussetzungen für die Anwendung unmittelbaren Zwangs lagen vor. Unmittelbarer Zwang darf nach § 66 Abs. 1 Satz 1 PolG BW nur angewendet werden, wenn der polizeiliche Zweck auf andere Weise nicht erreichbar erscheint. Unter „*andere Weise*" versteht man jedes weniger einschneidende Mittel, das dem PVD zur Verfügung steht.

  Im Sachverhalt hatte der Hund bereits Anstalten gemacht, die Streife anzugreifen. Auf die Aufforderung, ihn anzuleinen, hat der Halter des Hundes nicht reagiert. Die Anwendung milderer Mittel, wie z. B. des Pfeffersprays, erschien aufgrund des direkten Angriffs durch den aggressiven Hund nicht tauglich, weil die Beamten nicht wissen, ob er durch das Pfefferspray augenblicklich „*kampfunfähig*" gemacht werden kann.

  Der UZW soll zudem, wenn möglich, zunächst gegen Sachen angewendet werden (§ 66 Abs. 1 Satz 2 PolG BW, Sachvorrang).

  Bei der Verwendung der Schusswaffe gegen den Hund handelt es sich um einen Einsatz von UZW gegen Sachen, da der Hund nach § 90a BGB einer Sache gleichzusetzen ist. Also wurde der sogenannte Sachvorrang beachtet.

  Des Weiteren muss das angewandte Mittel nach Art (hier der Gebrauch der Schusswaffe) und Maß (ein Schuss auf den Hund des H, um dessen Angriff zu verhindern) dem Verhalten, Alter und Zustand des Betroffenen angemessen sein (vgl. § Abs. 1 Satz 3 PolG BW).

  Der H verhält sich renitent/unkooperativ und aggressiv. Er macht keine Anstalten, den Hund an die Leine zu nehmen. Er beleidigt die Streife, verhöhnt sie, und er nimmt billigend in Kauf, dass sein Hund die Beamten attackiert (Verhalten).

H ist laut SV mittleren Alters, ca. 30 Jahre alt und gehört somit keiner besonders zu berücksichtigenden Altersgruppe an, bei der man den UZW besonders anpassen muss (Alter). Er ist auch in der Lage, die beabsichtigte und erklärte Maßnahme (IdF) zu verstehen und hat auch sehr wohl die Anweisungen verstanden (Zustand).

Das Übermaßverbot gemäß § 66 Abs. 3 PolG BW, welches besagt, dass die Anwendung von UZW zu beenden ist, wenn der polizeiliche Zweck erreicht ist oder durch UZW nicht erreichbar erscheint, wurde ebenfalls gewahrt.

Im SV wurde einmal geschossen, um einen Angriff zu verhindern. Ein milderes Mittel, wie z.B. das RSG, war aufgrund der Hunderasse, der unberechenbaren Tierpsyche, dem offensichtlichen Attackieren und der Nähe zur Streife nicht möglich und auch nicht erfolgversprechend.

- **Offensichtliche Erfolglosigkeit weiterer Zwangsmittel (§ 67 Abs. 1 Satz 1, HS 2 PolG BW)**

Nach § 67 Abs. 1 Satz 1, HS 2 PolG BW ist der Schusswaffengebrauch nur zulässig, wenn einfache körperliche Gewalt sowie verfügbare Hilfsmittel der körperlichen Gewalt oder mitgeführte Hiebwaffen erfolglos angewandt worden sind oder ihre Anwendung offensichtlich keinen Erfolg verspricht.

Einfache körperliche Gewalt oder verfügbare Hilfsmittel der körperlichen Gewalt etc. versprechen vorliegend bei ihrer Anwendung keinen Erfolg. Pfefferspray und Hiebwaffe sind keine tauglichen Mittel, um einen Kampfhund *„außer Gefecht zu setzen“*. Das wäre eine UZW-Anwendung mit völlig ungewissem Ausgang, sodass diese milderen Mittel von vornherein ausgeschlossen werden können.

Der Schusswaffengebrauch gegen den Hund (als Sache) war somit auch nach § 67 Abs. 1 Satz 1, HS 2, PolG BW gerechtfertigt.

- **Keine hoch wahrscheinliche Gefährdung erkennbar Unbeteiligter (§ 67 Abs. 2 PolG BW)**

Nach § 67 Abs. 2 PolG BW ist der Schusswaffengebrauch unzulässig, wenn erkennbar Unbeteiligte mit hoher Wahrscheinlichkeit gefährdet werden.

Da außer dem Hundehalter (er ist Verhaltensstörer/Zustandsstörer) niemand auf dem Spielplatz ist und der SV über weitere Unbeteiligte keine Auskunft gibt, ist dieser Absatz im zu prüfenden Sachverhalt hinfällig. Es gibt keine erkennbar Unbeteiligten, die durch den SWG gegen den Hund mit hoher Wahrscheinlichkeit gefährdet werden.

3.2.3 Ermessensfehlerfreie, insbesondere verhältnismäßige Entscheidung (abschließende Prüfung der Verhältnismäßigkeit, § 5 PolG BW)

Da es vorliegend um den Gebrauch einer Schusswaffe geht, ist der abschließenden Prüfung der Ermessensfehlerfreiheit, insbesondere der Verhältnismäßigkeit besondere Aufmerksamkeit zu widmen. Der Gebrauch der Schusswaffe gegen den Hund müsste geeignet, erforderlich und angemessen sein.

- **Geeignetheit**

  Nach § 5 Abs. 1 PolG BW ist jede Maßnahme geeignet, die objektiv tauglich ist, um das polizeiliche Ziel zu erreichen.

  Der Kampfhund wurde vom Verhaltensstörer/Zustandsstörer H mittelbar dafür benutzt, eine IdF seiner Person bzw. weitere Folgemaßnahmen zu erschweren oder zu vereiteln.

  Die IdF war nur möglich, wenn sie ohne erhebliche Gesundheitsgefahr für die Beamten erfolgen kann. Daher war der Schusswaffengebrauch gegen den Kampfhund das einzig taugliche Mittel, ihn als vorsätzlich in den Weg gestelltes Hindernis zu beseitigen. Die Maßnahme war somit objektiv tauglich, um das polizeiliche Ziel, die erforderliche IdF, erreichen zu können.

- **Erforderlichkeit**

  Gem. § 5 Abs. 1 PolG BW muss, wenn mehrere Mittel zur Auswahl stehen, das mildeste gleich effektive Mittel angewandt werden.

  Wie bereits oben geprüft, waren einfache körperliche Gewalt, Hiebwaffe und Pfefferspray nicht erfolgversprechend. Lediglich die Androhung und Durchführung des Schusswaffengebrauchs versprachen einen wirksamen Erfolg.

- **Angemessenheit**

  Bei der Angemessenheit im engeren Sinn nach § 5 Abs. 2 PolG BW sind die zu schützenden Rechtsgüter des Mannes mit den durch die Polizei bewirkten Grundrechtseingriffen bei ihm abzuwägen.

  Bei H soll eine IdF erfolgen, was ein vergleichsweise geringer Grundrechtseingriff ist. Möglicherweise hätte man bei ihm die Vorbereitung/Begehung einer Straftat festgestellt. Eine Aufforderung, den Hund anzuleinen, wurde von ihm ignoriert. Andere Mittel sind, wie bereits geprüft, hier nicht geeignet.

Der Kampfhund kam den Beamten immer näher und stellte eine erhebliche Gefahr dar. Möglicherweise nahm Hanebüchen es in Kauf, dass der Hund die Beamten angreift und somit seine IdF verhindert wird.

Die Streife hatte also lediglich die Wahl, auf die IdF zu verzichten oder durch Androhung des Schusswaffengebrauchs gegen das Tier auf den Handlungsstörer einzuwirken. Es war aus Gründen der öffentlichen Sicherheit nicht hinzunehmen, die verdächtige Person unkontrolliert gehen zu lassen.

Da es sich einerseits um eine verdächtige Person handelt und u. U. um die Verhinderung oder Aufklärung einer Straftat und den Schutz von Leib oder Leben der einschreitenden Streife, ist das Interesse der Allgemeinheit an der Gefahrenabwehr des Staates höher wiegend als der Eingriff bei H in das Recht auf informationelle Selbstbestimmung bzw. Eigentum (Tier) durch dessen Tötung.

Ergebnis

Die Anwendung der Schusswaffe ist rechtmäßig erfolgt.

Fall 22
Personenkontrolle – § 27 Abs. 1 Nr. 3 PolG BW

Sachverhalt

Die Bar „Pan" befindet sich im Revierbereich in Horb am Neckar. Bei der Dienstbesprechung wird thematisiert, wie in einem Ermittlungsverfahren bekannt wurde, dass in dieser Bar mit Drogen gehandelt wird. Es gebe konkrete Hinweise, dass dort nur alibimäßig Getränke konsumiert werden würden.

Man müsse lediglich an der Bar nach der alternativen Getränkekarte fragen, dann würde man vom Personal am Eingang vorbei in den Hinterhof geschickt. Dort könnte man dann alle Drogen, von Cannabis bis hin zu Heroin, erwerben.

An diesem Abend beschließt die Polizei, Personenkontrollen im Eingangsbereich der Bar durchzuführen.

Vor Ort angekommen sehen die Beamten auch schon den ersten Gast auf dem Weg zum Eingang. Diesen sprechen sie an und teilen mit, dass sie eine Personenkontrolle durchführen, weshalb er seinen Personalausweis aushändigen solle.

Die Person gibt an, dass sie keinen Personalausweis bei sich führe, dass sie Alexander Seitz (S) heiße und in der Alemannenstraße 3 in 72202 Nagold wohne. Auf Nachfrage nach anderen Dokumenten weist sich S mit seinem Führerschein und seiner Krankenversicherungskarte aus. Die Beamten stellen ihm des Weiteren mehrere Kontrollfragen und überprüfen seine Wohnadresse über MeldIT. Die Angaben des S bestätigen sich hierbei. Eine POLAS-Anfrage verläuft negativ. Die Kontrollfragen waren ebenfalls richtig beantwortet.

Da die Beamten die Personalien des S als gesichert ansehen und sich keine weiteren Ansätze ergeben, geben Sie ihm den Führerschein/die Versichertenkarte zurück und entlassen ihn aus der Kontrolle.

Aufgabe

Prüfen Sie, ob die Personalienfeststellung bei S materiell rechtmäßig war.

Lösungsvorschlag

3. Materielle Rechtmäßigkeit

3.1 Tatbestandsvoraussetzungen und Rechtsfolge der Ermächtigungsgrundlage

Hier handelt es sich um eine Identitätsfeststellung an einem gefährlichen Ort nach § 27 Abs. 1 Nr. 3 PolG BW, sodass tatbestandlich das Vorliegen eines gefährlichen Ortes zu prüfen ist.

Hierbei handelt es sich um eine Örtlichkeit, an der Personen (hier die bislang Unbekannten aus der Bar und evtl. die Angestellten) erfahrungsgemäß Straftaten begehen (sogenannter „milieuspezifischer oder gefährlicher Ort", also ein Kriminalitätsbrennpunkt).

Aufgrund der Angaben einer Person in einem Ermittlungsverfahren wurde bekannt, dass in der Bar mit Drogen bis hin zu Heroin gehandelt wird. Aus polizeilicher Erfahrung weiß man, dass Drogendeals in der Regel nicht einmalig, sondern immer wiederkehrend begangen werden.

Dies wird durch die Tatsache, dass es ein Codewort gibt und das Personal bei Erfragen der „alternativen Karte" die Gäste in den Hinterhof und somit an den Verkäufer vermittelt, untermauert. Es kann aufgrund der Professionalität, mit der die Geschäfte in Gang gesetzt und die Deals abgeschlossen werden, von mehrmaligem und immer wiederkehrendem Drogenhandel ausgegangen werden.

Beim Verkauf und ggf. Handel mit Drogen handelt es sich um Straftaten nach dem BtMG.

Hinweis

Die Einstufung einer Örtlichkeit als gefährlich im Sinne des § 27 Abs. 1 Nr. 3 PolG BW steht grundsätzlich jedem Beamten und jeder Beamtin zu!

Da die Voraussetzungen aus § 27 Abs. 1 Nr. 3 PolG BW vorliegen, kann die Polizei die erforderlichen Maßnahmen zur IdF treffen. Diese sind in § 27 Abs. 2 PolG BW abschließend in einer Stufenfolge genannt.

Zunächst kann S angehalten und nach seinen Personalien befragt werden.

Weiterhin kann von ihm verlangt werden, dass er mitgeführte Ausweise zur Prüfung aushändigt.

Sollte es zur IdF notwendig sein, kann die angehaltene Person durchsucht und sogar auf die Dienststelle zum Zwecke der Sistierung gebracht werden.

3.2 Adressat

Die Störereigenschaft des S muss aufgrund der Ortshaftung nicht vorliegen. Auch war die Maßnahme ermessensfehlerfrei, insbesondere war die Auswahl des S zur Kontrolle nicht willkürlich oder von sachfremden Erwägungen geleitet.

3.3 Grundsatz der Verhältnismäßigkeit (§ 5 PolG BW)

- **Geeignetheit**

  Die Maßnahme war zur Erreichung eines legitimen Ziels (Verhinderung von Straftaten) zweifellos geeignet.
- **Erforderlichkeit**

  Sie war auch erforderlich, da keine weniger eingriffsintensiven, aber gleich effektiven Mittel ersichtlich sind.
- **Angemessenheit**

  Letztlich war die Maßnahme auch angemessen. Zwar wird in das Grundrecht des S auf informationelle Selbstbestimmung aus Art. 2 Abs. 1 GG in Verbindung mit Art. 1 Abs. 1 GG (RiS) eingegriffen. Der Eingriff ist aber nicht sonderlich intensiv und gemessen am Interesse einer effektiven Gefahrenabwehr auch gerechtfertigt. Hier muss besonders erwähnt werden, dass Maßnahmen zur Verhinderung künftiger Betäubungsmitteldelikte schon aufgrund des Schutzes der Gesundheit einzelner Konsumenten (vor allem des Jugendschutzes) und des Schutzes des sozialen Zusammenlebens (Schutz vor Kriminalität) als besonders hochwertig einzustufen sind.

3.4 Ermessensausübung

Ermessensfehler über die Prüfung der Verhältnismäßigkeit hinaus sind weder im Hinblick auf das Entschließungsermessen noch auf das Auswahlermessen ersichtlich.

Ergebnis

Die Identitätsfeststellung war somit materiell rechtmäßig.

Merke

Da hier im Absatz 2 die möglichen Maßnahmen abschließend aufgeführt sind, ist eine kurze Erläuterung im Rahmen der Rechtsfolge sinnvoll, vor allem, wenn es sich um eine weitergehende Maßnahme wie z. B. die Durchsuchung nach Identitätspapieren handelt, da sie klar zur Durchsuchung einer Person nach § 34 PolG BW abzugrenzen ist.

Hinweis

Bei Durchsuchungen nach § 27 Abs. 2 PolG BW sind diese in dem Augenblick zu beenden, in dem ein Ausweisdokument aufgefunden wird, im Gegensatz zur Durchsuchung nach § 34 PolG BW, bei der die Person vollständig durchsucht werden darf.

Ebenfalls ist es nicht zulässig, bei der Person im Rahmen einer Durchsuchung nach § 27 Abs. 2 PolG BW bewusst zunächst von oben bis Höhe Gürtel zu durchsuchen und dann die Durchsuchung von den Schuhen her zu beginnen, sodass die Hosen-/Gesäßtaschen (höhere Auffindewahrscheinlichkeit) zuletzt durchsucht werden können und somit die Person ganzheitlich durchsucht wird.

Fall 23
Durchsuchung Person, Durchsuchung Sache – Zwangsweise Abholung zur Verbüßung des Jugendarrests – §§ 34, 35 PolG

Sachverhalt

Der 17-jährige Carlos (C) ist vom Amtsgericht Kehl wegen Raubes zu vier Wochen Jugendarrest verurteilt worden. C kam mehrfachen Vorladungen und Aufforderungen, den Jugendarrest anzutreten, nicht nach.

Das Polizeirevier Kehl wird daher von der Staatsanwaltschaft Offenburg – Strafvollstreckungsabteilung – mit einem Vorführungsbefehl nach § 457 Abs. 2 StPO beauftragt, C zu Hause aufzusuchen, um ihn zwangsweise in die Jugendvollzugsanstalt zu verbringen.

POM Maisch (M) und PKin Huber (H) fahren nach den vorab erforderlichen Überprüfungen die Wohnadresse von C an. Dort wird der Streife von seiner Mutter Einlass in die Wohnung gewährt.

In seinem Zimmer wird C angetroffen. Bei der anschließenden Personenüberprüfung händigt ihnen C seinen Personalausweis aus.

M und H erklären ihm nun, dass er zur Verbüßung des Jugendarrests mitkommen muss und von ihnen zur Jugendvollzugsanstalt begleitet wird.

Er entgegnet ihnen, dass er „null Bock“ auf diese „Kinderkacke“ habe und den Jugendarrest für reine Zeitverschwendung halte.

Unmittelbar nach dieser Aussage versucht C, sich dem Geschehen durch Flucht zu entziehen, kann aber von M nach wenigen Schritten eingeholt und am Oberarm festgehalten werden.

Um einen weiteren Fluchtversuch zu verhindern, ordnet H das Anlegen von Handschließen bei C an. Dieser beschwert sich danach lauthals über die Schmerzen an seinen Handgelenken.

Vor Fahrtbeginn zur Jugendvollzugsanstalt werden C sowie sein von seiner Mutter eilends zusammengepackter Rucksack von M durchsucht.

Aufgabe

Erläutern und begründen Sie sachverhaltsbezogen

a) die materielle Rechtmäßigkeit der Durchsuchung von C,

b) die formelle und materielle Rechtmäßigkeit der Durchsuchung des Rucksacks von C.

Lösungsvorschlag zu Aufgabe a)

3. Materielle Rechtmäßigkeit

3.1 Tatbestandsvoraussetzungen und Rechtsfolge der Ermächtigungsgrundlage

Die Durchsuchung von C ist nach § 34 Abs. 1 Nr. 1 PolG BW (Durchsuchung von Personen) möglich. Die Polizei (dazu gehört auch der PVD, vgl. § 104, 105 Abs. 3 PolG BW) kann eine Person durchsuchen, wenn sie *„nach diesem Gesetz* ***oder anderen Rechtsvorschriften festgehalten*** *oder in Gewahrsam genommen werden darf"*.

C darf nach anderen Rechtsvorschriften festgehalten werden, hier nach den Bestimmungen der StPO (§ 457 StPO).

Da eine Person durchsucht werden darf, wenn sie nach anderen Rechtsvorschriften festgehalten werden darf, ist die Durchsuchung von Carlos zum eigenen Schutz der Beamten zulässig.

3.2 Adressat

Verhaltensstörer gemäß § 6 Abs. 1 PolG BW ist eine Person, die durch ihr Verhalten bewusst oder unbewusst die Bedrohung oder Störung für die öffentliche Sicherheit oder Ordnung herbeigeführt hat.

Adressat ist C. Er ist Verhaltensstörer nach § 6 Abs. 1 PolG BW, d.h. unmittelbarer Verursacher, da er durch das Missachten der Rechtsvorschriften (er hat der Vorladung zum Antritt des Jugendarrests keine Folge geleistet) bewusst eine Störung der öffentlichen Sicherheit herbeigeführt hat.

3.3 Grundsatz der Verhältnismäßigkeit (§ 5 PolG BW)

Die Maßnahme muss geeignet, erforderlich und angemessen sein.

- **Geeignetheit**

  Durch die Durchsuchung wird die Gefahr für die Polizeibeamten abgewehrt, die von Carlos ausgehen könnte. Carlos hat ein Verbrechen des Raubes verübt, also bereits Gewalt gegen eine Person ausgeübt. Es ist möglich, dass er Gegenstände bei sich hat, die der Streife beim Transport gefährlich werden können. Somit ist die Maßnahme geeignet. C kann die PolizeibeamtInnen nicht mehr bedrohen oder gar angreifen.

- **Erforderlichkeit**

  Es sind auch keine milderen Mittel ersichtlich, um die Gefahr gleich effektiv abzuwehren.

- **Angemessenheit**

  Die Maßnahme war auch angemessen. Carlos wird zwar in seinem Grundrecht auf allgemeine Handlungsfreiheit (Art. 2 Abs. 1 GG) und dem Recht auf informationelle Selbstbestimmung (Art. 2 Abs. 1 i. V. m. Art. 1 Abs. 1 GG) eingeschränkt. Diese Grundrechte sind aber weniger bedeutsam als das Recht der Streife auf körperliche Unversehrtheit, ggf. ihr Recht auf Leben. Die Mittel-Zweck-Relation ist gegeben.

3.4 Ermessensausübung

Ermessensfehler über die Prüfung der Verhältnismäßigkeit hinaus sind weder im Hinblick auf das Entschließungsermessen noch auf das Auswahlermessen ersichtlich.

Ergebnis

Die Durchsuchung des C war materiell rechtmäßig.

Lösungsvorschlag zu Aufgabe b)

2. Formelle Rechtmäßigkeit

2.1 Zuständigkeit

H und M müssten sachlich und örtlich für die Durchsuchung der Sache Rucksack zuständig gewesen sein. Die Durchsuchung des Rucksacks lässt sich auf § 35 Nr. 1 PolG BW stützen. Danach dürfen Sachen durchsucht werden, die von einer Person mitgeführt werden, die nach § 34 Abs. 1 oder 2 PolG BW durchsucht werden darf, was vorliegend der Fall ist (s. o.).

2.1.1 Sachliche Zuständigkeit

Die sachliche Zuständigkeit ergibt sich für Maßnahmen nach § 35 PolG BW aus § 105 Abs. 3 PolG BW. Im Übrigen wäre die Ermächtigungsgrundlage des § 35 Nr. 3 PolG BW auch einschlägig.

2.1.2 Örtliche Zuständigkeit

Grundsätzlich ist der PVD gemäß § 120 Satz 1 PolG BW im ganzen Land zuständig. Gemäß § 120 Satz 2 PolG soll er nur im eigenen Dienstbezirk tätig werden.

Die beiden Polizeibeamten werden in ihrem Revierbereich tätig. Sie sind örtlich zuständig. Organisatorisch sind sie nach § 121 Abs. 1 Nr. 8 PolG BW dem Polizeipräsidium Offenburg angegliedert.

2.2 Verfahren

Da die Durchsuchung selbst (im Gegensatz zur Anordnung der Durchsuchung gegenüber einer anwesenden Person) als Realakt zu qualifizieren ist, bedarf es keinerlei Prüfung von Verfahrensvorschriften.

2.3 Form

Formvorschriften sind nicht zu beachten

3. Materielle Rechtmäßigkeit der Maßnahme

3.1 Tatbestandsvoraussetzungen und Rechtsfolge der Ermächtigungsgrundlage

Die Polizei kann nach § 35 Nr. 1 PolG BW eine Sache durchsuchen, wenn sie von einer Person mitgeführt wird, die nach § 34 Abs. 1 oder 2 PolG BW durchsucht werden darf (s. o.).

Durchsuchen ist die gezielte Nachschau bzw. Suche zur Auffindung von gefährlichen Gegenständen zur Gefahrenabwehr. Da der C durchsucht werden durfte (s. o.), darf auch der von ihm mitgeführte Rucksack durchsucht werden.

3.2 Adressat

Wird die öffentliche Sicherheit oder Ordnung durch den Zustand einer Sache bedroht oder gestört, so hat die Polizei ihre Maßnahmen gegenüber dem Eigentümer oder gegenüber demjenigen zu treffen, der die tatsächliche Gewalt über die Sache ausübt.

C ist als Inhaber der tatsächlichen Gewalt über den Rucksack Zustandsstörer nach § 7 PolG BW, weil die Gefahr für die öffentliche Sicherheit oder Ordnung möglicherweise vom Inhalt des Rucksacks ausgeht. Daher richtet sich die Maßnahme gegen ihn als Besitzer.

3.3 Grundsatz der Verhältnismäßigkeit (§ 5 PolG BW)

Die Durchsuchung des Rucksacks müsste verhältnismäßig gewesen, das heißt geeignet, erforderlich und angemessen gewesen sein.

- **Geeignetheit**

  Die Durchsuchung war zweifellos geeignet, um Gefahren für die öffentliche Sicherheit, insbesondere für die körperliche Unversehrtheit von M und H, abzuwehren.

- **Erforderlichkeit**

  Die Durchsuchung muss außerdem erforderlich sein. Erforderlich bedeutet, dass es keine mildere, aber gleich effektive Maßnahme als die ergriffene geben darf (§ 5 Abs. 1 PolG BW).

  Die Maßnahme war notwendig, da sonst eine latente (schwebende) Gefahr für Leib oder Leben der Streife oder des Personals der JVA vorgelegen hätte, wenn man nicht annähernd weiß, was sich alles im mitgenommenen Rucksack befindet.

- **Angemessenheit (Verhältnismäßigkeit im engeren Sinne)**

  Nach § 5 Abs. 2 PolG BW darf durch die polizeiliche Maßnahme kein Nachteil herbeigeführt werden, der erkennbar außer Verhältnis zum beabsichtigten Erfolg steht.

  Der Zweck der Maßnahme, der Schutz der körperlichen Unversehrtheit und das Recht auf Leben für die Streife und weitere Personen wiegen höher als der Grundrechtseingriff in das Eigentum des C. Somit ist die Maßnahme auch verhältnismäßig im engeren Sinn.

3.4 Ermessensausübung

Ermessensfehler über die Prüfung der Verhältnismäßigkeit hinaus sind weder im Hinblick auf das Entschließungsermessen noch auf das Auswahlermessen ersichtlich.

Ergebnis

Die Durchsuchung des Rucksacks war formell und materiell rechtmäßig.

Fall 24
Durchsuchung der Person – § 34 PolG

Sachverhalt

Die Polizei wird zu einem Hausstreit bei der Familie Müller gerufen. Herr Müller (M) ist hochaggressiv und beim Eintreffen der Beamten gerade im Begriff, mit einer Axt die Schlafzimmertür einzuschlagen, da sich seine Frau in diesem Zimmer aufhält.

Nachdem die Beamten gegen ihn das Pfefferspray einsetzen mussten, weil er drohend mit der Axt auf sie zugegangen war, konnten sie ihn fesseln.

Als Frau Müller aus dem Schlafzimmer kommt, können die Beamten erkennen, dass sie durch den Ehemann erheblich verletzt wurde, woraufhin ein Arzt hinzugezogen wird.

Bis zum Eintreffen des Arztes erfahren die Beamten von Frau Müller, dass ihr Mann alkoholabhängig ist. Er wurde vor einem halben Jahr, ebenfalls nach einem gewalttätigen Hausstreit, in eine Psychiatrie eingewiesen. Vor vier Wochen wurde er entlassen und hat sofort wieder angefangen, Alkohol zu trinken. Auch heute habe er schon eine halbe Flasche Schnaps getrunken, nach Alkoholgenuss wird er stets gewalttätig.

Nachdem dem Notarzt die Sachlage erklärt wurde, hält dieser M für unterbringungsbedürftig. Die Beamten erklären ihm daraufhin den Gewahrsam und verbringen ihn nach der Durchsuchung in ein Zentrum für Psychiatrie.

Aufgabe

Prüfen Sie die Tatbestandsvoraussetzungen der Durchsuchung von M. (Auf den Adressaten, die Ermessensausübung einschließlich der Verhältnismäßigkeit ist also nicht einzugehen. Waffenrechtliche Aspekte sind ebenfalls nicht zu prüfen. Gehen Sie davon aus, dass die Voraussetzungen für den Gewahrsam vorliegen).

Lösungsvorschlag

3.1 Tatbestandsvoraussetzungen und Rechtsfolge der Ermächtigungsgrundlage

Eine Person kann gemäß § 34 Abs. 1 Nr. 1 PolG BW durchsucht werden, wenn sie u. a. nach dem PolG BW in Gewahrsam genommen werden darf.

Durchsuchung ist die zielgerichtete Suche nach Personen oder Sachen, die sich bei einer Person, in einer Sache oder in einer Wohnung befinden (Anmerkung: in Kleidern, am Körper, in ohne Weiteres zugänglichen Körperöffnungen wie Mund, Nase, Ohren).

Da bei M nach der Aufgabenstellung die Gewahrsamsvoraussetzungen vorlagen, war auch die Durchsuchung tatbestandlich möglich.

Ergebnis

Die Tatbestandsvoraussetzungen der Durchsuchung nach § 34 Abs. 1 Nr. 1 PolG BW lagen vor.

Fall 25
Gewahrsam – § 33 PolG

Sachverhalt

Am hellen, heiteren Samstagnachmittag des 7. September 2024 riefen einige Bedienstete, die im Umfeld des Bahnhofes Titisee arbeiteten, die Polizei um Hilfe. Grund war ein junger Mann, der offensichtlich stark alkoholisiert am Bahnhof sein Unwesen trieb. Eine spätere Feststellung ergab, dass es sich bei dem Betroffenen um Herrn Zeiler (Z) handelt. Z pöbelte diverse Mitarbeiter der Ladengeschäfte sowie Bahnreisende an. In einem Fall wurde ein Reisender beleidigt. Den anderen Personen war der Z lediglich unangenehm.

Schließlich schlug Z auch noch auf Fahrplankästen und auf einen Süßigkeitenautomaten ein, wobei nicht unerheblicher Sachschaden entstand. Aufgrund der heftigen Alkoholisierung musste der Z seinen Rausch über mehrere Stunden in der Zelle des Polizeireviers ausschlafen, da ihn Verwandte in diesem Zustand auch nicht beherbergen wollten. Eine richterliche Bestätigung des Gewahrsams durch einen Bereitschaftsrichter konnte eingeholt werden. Der Z hatte dazu kurz die Möglichkeit, mit dem Bereitschaftsrichter telefonisch zu sprechen.

Aufgabe

Prüfen Sie die Rechtmäßigkeit des Gewahrsams!

Lösungsvorschlag

1. Ermächtigungsgrundlage

Da es sich um einen Eingriff in das bedeutsame Grundrecht der Freiheit der Person (Art. 2 Abs. 2 Satz 2 GG) handelt, bedarf es einer Ermächtigungsgrundlage. Diese ergibt sich hier aus § 33 Abs. 1 Nr. 1 PolG BW.

2. Formelle Rechtmäßigkeit der Maßnahme

Die Ingewahrsamnahme müsste zunächst formell rechtmäßig sein, das heißt, die eingesetzten Beamten müssten zuständig gewesen sein und die Verfahrens- und Formvorschriften beachtet haben.

2.1 Zuständigkeit

Die eingesetzten Beamten müssten sowohl sachlich als auch örtlich zuständig gewesen sein.

2.1.1 Sachliche Zuständigkeit

Die sachliche Zuständigkeit ergibt sich hier aus § 105 Abs. 3 PolG BW, indem dort § 33 PolG BW erwähnt ist (Parallelzuständigkeit).

2.1.2 Örtliche Zuständigkeit

Grundsätzlich ist der PVD gemäß § 120 Satz 1 PolG BW im ganzen Land zuständig. Gemäß § 120 Satz 2 PolG soll er nur im eigenen Dienstbezirk tätig werden.

Die Polizeibeamten werden in ihrem Revierbereich tätig. Sie sind örtlich zuständig. Organisatorisch sind sie nach § 121 Abs. 1 Nr. 2 PolG BW dem Polizeipräsidium Offenburg angegliedert.

2.2 Verfahren

Bei der Gewahrsamnahme handelt es sich um einen (Dauer-)Verwaltungsakt, welcher gemäß § 41 Abs. 1 LVwVfG bekannt gegeben werden muss, damit er wirksam wird (§ 43 Abs. 1 Satz 1 LVwVfG). Da die Bekanntgabe mündlich erfolgt, bedarf es keiner Begründung (§ 39 Abs. 1 LVwVfG).

Einer Anhörung (§ 28 Abs. 1 LVwVfG) bedarf es hier nicht, da ein Fall des § 28 Abs. 2 Nr. 1 LVwVfG vorliegt. Eine unterbliebene Anhörung kann im Übrigen nach § 45 Abs. 1 Nr. 3 LVwVfG nachgeholt werden.

Dem Z sind zudem der Grund der Maßnahme und die gegen sie zulässigen Rechtsbehelfe unverzüglich bekannt zu geben (§ 33 Abs. 2 PolG BW).

2.3 Form

Formvorschriften sind nicht zu beachten.

2.4 Richtervorbehalt

Nach Art. 104 Abs. 2 GG, § 33 Abs. 3 Satz 3 PolG BW ist unverzüglich eine richterliche Entscheidung über Zulässigkeit und Fortdauer des Gewahrsams herbeizuführen. Dies ist hier erfolgt. Dass der Z nur telefonisch mit dem Bereitschaftsrichter telefonieren konnte, ist von der Regelung des § 33 Abs. 4 Satz 4 PolG BW gedeckt.

2.5 Fristen

Der Gewahrsam ist gemäß § 33 Abs. 3 Satz 1 PolG BW aufzuheben, sobald der polizeiliche Zweck erreicht ist. Wenn Z in der Gewahrsamseinrichtung ausgenüchtert ist, wird er wieder auf freien Fuß gesetzt.

Hinweis

Dies kann auch im Rahmen der Verhältnismäßigkeit/des Ermessens geprüft werden, da es ermessensfehlerhaft/unverhältnismäßig ist, den Z länger festzuhalten als nötig.

Zwischenergebnis

Die Ingewahrsamnahme war formell rechtmäßig.

3. Materielle Rechtmäßigkeit

Die Ingewahrsamnahme als nicht nur kurzfristiges Festhalten einer Person durch die Polizei an einem bestimmten eng umgrenzten Ort, die dadurch am Gebrauch ihrer persönlichen Bewegungsfreiheit nach allen Richtungen gehindert wird, müsste im Hinblick auf den Tatbestand und die Rechtsfolge rechtmäßig erfolgt sein.

3.1 Tatbestandsvoraussetzungen und Rechtsfolge der Ermächtigungsgrundlage

Hier kommt der Gewahrsam nach § 33 Abs. 1 Nr. 1 PolG BW zur Anwendung. Hierzu muss zunächst eine unmittelbar bevorstehende, erhebliche Störung für die öffentliche Sicherheit vorliegen oder bereits eingetreten sein. Durch das Verhalten des Z könnte hier die Alternative einer bereits eingetretenen erheblichen Störung der öffentlichen Sicherheit vorliegen, um den Z an einem bestimmten eng umgrenzten Ort festzuhalten, wodurch er am Gebrauch seiner persönlichen Bewegungsfreiheit nach allen Richtungen gehindert wird.

Hinweis

Die Verletzung des polizeilichen Schutzgutes öffentliche Ordnung berechtigt nach dem eindeutigen Wortlaut des § 33 Abs. 1 Nr. 1 PolG BW nicht zur Ingewahrsamnahme.

- **Störung der öffentlichen Sicherheit**

  Eine bereits eingetretene Störung beschreibt die bereits erfolgte Verwirklichung einer Gefahr für das polizeiliche Schutzgut der öffentlichen Sicherheit. Zur öffentlichen Sicherheit gehören der Schutz der Unverletzlichkeit der objektiven Rechtsordnung, der Schutz der subjektiven Rechte und Rechtsgüter des Einzelnen sowie der Schutz des Bestandes des Staates und sonstiger Träger der öffentlichen Gewalt, ihrer Einrichtungen und Veranstaltungen.

- **Erheblichkeit**

  Die Erheblichkeit beschreibt den Umstand, dass bedeutende Rechtsgüter bedroht oder gestört sind (die Erheblichkeit kann sich auch aus Umfang und Intensität der Störung ergeben).

  Der Z hat hier bereits mehrere Personen angepöbelt und damit deren Individualrechtsgüter erheblich beeinträchtigt und zudem auf Gegenstände dergestalt eingeschlagen, dass diese zerstört und damit das Individualrechtsgut Eigentum und die objektive Rechtsordnung (§ 303 StGB) erheblich gestört wurden.

- **Auf andere Weise**

  Das Tatbestandsmerkmal „*auf andere Weise*" beschreibt das Erfordernis, dass der Gewahrsam das mildeste effektive Mittel sein muss. Aufgrund des bereits gezeigten Verhaltens des Z und aufgrund seiner Alkoholisierung sind weitere erhebliche Störungen der öffentlichen Sicherheit nicht anders abzuwehren.

3.2 Adressat

Nach § 6 Abs. 1 PolG BW ist Z Verhaltensstörer, da er durch sein Verhalten bewusst (oder unbewusst) eine erhebliche Bedrohung oder eine erhebliche Störung der öffentlichen Sicherheit hervorgerufen hat.

3.3 Grundsatz der Verhältnismäßigkeit (§ 5 PolG BW)

Die Maßnahme müsste geeignet, erforderlich und angemessen sein.

- **Geeignetheit**

  Nach § 5 Abs. 1 PolG BW ist jede Maßnahme geeignet, die objektiv tauglich ist, polizeiliche Ziele zu erreichen. Der Gewahrsam ist geeignet, da durch ihn wirksam sichergestellt wird, dass Z keine weiteren Straftaten begeht.

- **Erforderlichkeit**

  Die Erforderlichkeit wurde bereits tatbestandlich geprüft (s. o.).

- **Angemessenheit**

  Nach § 5 Abs. 2 PolG BW ist letztlich die Angemessenheit zu prüfen, d.h., eine Prüfung des Grundrechtseingriffs bei Z durch die Polizei in Abwägung der schutzbedürftigen Rechtsgüter der Allgemeinheit.

  Durch die Ingewahrsamnahme wurde in die Freiheit der Person nicht außer Verhältnis eingegriffen, denn der Schutz der bedrohten Rechtsgüter war bedeutsamer. Der Schutz der gefährdeten Rechtsgüter wiegt schwerer als die persönliche Freiheit des Randalierers.

3.4 Ermessensausübung

Ermessensfehler über die Prüfung der Verhältnismäßigkeit hinaus sind weder im Hinblick auf das Entschließungsermessen noch auf das Auswahlermessen ersichtlich.

Ergebnis

Der Gewahrsam war rechtmäßig.

Fall 26
Gewahrsam – § 33 PolG BW

Sachverhalt

Zwei Beamte befinden sich am 08.08.2024 um 19.25 Uhr auf Streifenfahrt, als sie den Auftrag erhalten, die Berliner Str. 6 in Böblingen anzufahren.

Frau Kraft (K) hatte gemeldet, dass in der Nachbarwohnung ein lautstarker Streit zwischen ihrer dort wohnenden Freundin Selina Stella (S) und deren Ehemann Francesco Stella (F) im Gange wäre.

An der Wohnungstür können die Beamten lautstarkes Geschrei vernehmen. Erst nach mehrfachem Klingeln öffnet S die Tür. Sie wirkt sehr verängstigt und etwas verwirrt; im Gesicht weist sie über der linken Augenbraue eine Platzwunde auf. Sie ist in der 14. Woche schwanger.

Im Wohnzimmer sitzt der F auf dem Sofa.

Er ist über das Erscheinen der Polizei sehr verärgert, schließlich sei es seine Sache, was er mit „seiner Frau" mache; das gehe gar niemanden etwas an, schon gar nicht die Polizei.

F wirkt auf die Beamten alkoholisiert; mehrere leere Bierflaschen sowie eine noch halb volle Flasche Wein stehen auf dem Fernsehtisch im Wohnzimmer. Vorsorglich stellen die Beamten die Flaschen in der Küche auf dem Tresen ab. F ist sehr ungehalten, als ihm die Flaschen weggenommen werden.

In einem Gespräch mit S erfahren die Beamten, dass der F sie heute bei einem Streit zum wiederholten Male mit der Faust ins Gesicht geschlagen und mit den Füßen in Richtung ihres Unterleibs getreten habe. Er habe gedroht, sie umzubringen, wenn sie irgendjemandem etwas erzähle.

Nach der Personalienfeststellung von F ist dieser weiterhin sehr aggressiv und droht der S mit Schlägen, sobald die Polizei wieder weg ist. Daraufhin erteilen die Beamten ihm einen Wohnungsverweis. F wird anschließend vor die Tür gebracht. Hier gibt er wörtlich zu verstehen, dass er zurückkommt, wenn die Polizei weg ist, und zwar mit den Worten: „Merda, maledetta strega[13], ich komme nachher wieder. Ich lasse mir von der Polizei gar nichts verbieten. Von Euch schon zweimal nicht!"

13 (deutsch: Scheiße, verdammte Hexe)

Aufgrund der Gesamtsituation entschließen sich die Beamten, F auf die Dienststelle zu verbringen, um ihn in Gewahrsam zu nehmen

Aufgabe

Prüfen Sie die Tatbestandsvoraussetzungen der Gewahrsamnahme.

Lösungsvorschlag

3.1 Tatbestandsvoraussetzungen und Rechtsfolge der Ermächtigungsgrundlage

Tatbestandlich wird gemäß § 33 Abs. 1 Nr. 1 PolG BW eine unmittelbar bevorstehende erhebliche Störung der öffentlichen Sicherheit gefordert, die auf andere Weise nicht verhindert werden kann bzw. muss eine erhebliche Störung bereits eingetreten sein, die auf andere Weise nicht beseitigt werden kann, damit in der Rechtsfolge durch die Polizei eine Person an einem bestimmten, eng umgrenzten Ort festgehalten werden kann, die dadurch am Gebrauch ihrer persönlichen Bewegungsfreiheit nach allen Richtungen gehindert wird.

Da der F seiner Frau offenbar droht, kommt hier die Alternative der unmittelbar bevorstehenden erheblichen Störung (Gefahr) für die öffentliche Sicherheit in Betracht.

- **Unmittelbar bevorstehende erhebliche Gefahr für die öffentliche Sicherheit**

  Eine **unmittelbar bevorstehende Gefahr** liegt vor, wenn der Eintritt eines Schadens nach objektiven Erfahrungssätzen mit an Sicherheit grenzender Wahrscheinlichkeit sofort oder in allernächster Zeit zu erwarten ist, falls die Polizei nicht eingreift.

  Die **öffentliche Sicherheit** umfasst den Schutz der Unverletzlichkeit der objektiven Rechtsordnung, den Schutz der subjektiven Rechte und Rechtsgüter des Einzelnen sowie den Schutz des Bestandes des Staates und sonstiger Träger der öffentlichen Gewalt, ihrer Einrichtungen und Veranstaltungen.

- **Erheblichkeit**

  Die **Erheblichkeit** einer Gefahr bzw. Störung kann sich entweder aus ihrem Umfang oder aus ihrer Intensität oder aus der Tatsache ergeben, dass besonders bedeutsame Rechtsgüter gefährdet sind. Sie liegt in der Regel vor, wenn mit der Begehung von Straftaten zu rechnen ist.

  Da F zum einen bereits gewalttätig war – er hat die S geschlagen – und er zum anderen damit droht, wieder zurückzukommen, sobald die Beamten die Örtlichkeit verlassen haben, und seine Frau dann höchstwahrscheinlich wieder schlägt, liegt eine solche erhebliche Gefahr für die öffentliche Sicherheit vor. Hier sind unter anderem die Individualrechtsgüter der S (körperliche Unversehrtheit), aber auch die objektive Rechtsordnung (Körperverletzungsdelikte, versuchter Schwangerschaftsabbruch in Tateinheit mit Körperverletzung) betroffen.

  Die Gefahr ist auch erheblich, da die S bei einem erneuten Aufeinandertreffen mit ihrem Mann massiv an ihrer Gesundheit geschädigt wird und auch für das ungeborene Kind eine Gesundheitsgefahr besteht oder es in diesem Stadium der Schwangerschaft (14. Woche) sogar getötet werden könnte, da F bereits in Richtung ihres Unterleibs getreten hat (s. o.).

- **Auf andere Weise**

  Das Tatbestandsmerkmal *„auf andere Weise"* ist zu bejahen, wenn weniger einschneidende Mittel nicht gleich effektiv sind.

  Dem F wurde zunächst ein Wohnungsverweis erteilt, um weitere Übergriffe auf die S zu unterbinden. Es kann jedoch davon ausgegangen werden, dass er diesen nicht befolgen wird, da er sagt: „Merda, maledetta strega, ich komme nachher wieder. Ich lasse mir von der Polizei gar nichts verbieten…"

  Daher war nur eine Gewahrsamnahme des Herrn Stella zur Konfliktlösung möglich. Eine Vollstreckung des Wohnungsverweises mit unmittelbarem Zwang als milderes Mittel wäre ebenfalls nicht gleich effektiv, wie die Androhung des F verdeutlicht.

  Daher war nur eine Gewahrsamnahme des F zur Konfliktlösung möglich.

Ergebnis

Die Tatbestandsvoraussetzungen lagen vor.

Fall 27
Wohnungsverweis – § 30 Abs. 3 PolG BW

Sachverhalt

Zwei Beamte sind am Samstag, 18.05.2024, im Revierbereich Sindelfingen auf Streife, als sie um 14.40 Uhr von der Wache den Auftrag erhalten, zu einem Hausstreit in der Wilhelm-Haspel-Straße 32 in Sindelfingen zu fahren. Die Anzeigenerstatterin, Frau Richter, hat per Notruf mitgeteilt, dass sie sowohl von ihrem Mann geschlagen als auch von dessen Geliebter an den Haaren gezogen worden und deshalb zu einer Nachbarin, Frau Schön, wohnhaft Wilhelm-Haspel-Straße 36, geflüchtet sei.

In der Wilhelm-Haspel-Straße 36 treffen die Beamten in der Wohnung von Frau Schön auf Frau Richter. Ihr Gesicht ist rot, leicht geschwollen und ihre Haare sind zerzaust. Frau Richter ist aufgebracht und völlig aufgelöst; erst nach entsprechender Beruhigung macht sie folgende Angaben:

„Mein Mann und ich saßen gerade bei einer Tasse Kaffee nach dem Mittagessen im Wohnzimmer, als kurz nach 14 Uhr, wie aus dem Nichts, die mir bis dahin unbekannte – wie sich später herausstellte – Geliebte meines Mannes an der Haustüre klingelte. Mein Mann öffnete und ließ diese Frau, sie heißt Sauber, ein.

Ich dachte mir nichts dabei, wir bekommen öfters Besuch. Plötzlich schrie mich diese Unbekannte an, ich solle sofort verschwinden, mein Mann liebe mich nicht mehr und liebe jetzt nur noch sie. Sie fing an, richtig herumzutoben und schrie, dass ich endlich meinen Mann freigeben soll. Sie wurde ausfällig, kam dann auf mich zu. Sie war offenbar angetrunken. Völlig überraschend zog sie mich mit beiden Händen an den Haaren, sodass ich etliche Haare verloren habe. Ich habe jetzt Kopfschmerzen. Dann hat sie mir noch gedroht, mich niederzumachen, sollte ich nicht nachgeben, indem ich akzeptiere, dass mein Mann mich jetzt auf der Stelle verlässt. Kurzzeitig habe ich die Fassung verloren, stellte dann aber diese Frau Sauber und meinen Mann zur Rede. Mein Mann hat dann nur noch zu dieser Frau gehalten, sie verteidigt und mich ebenfalls aufgefordert, dass ich sofort meinen Krempel packen und verschwinden soll; er würde jetzt mit dieser Frau in unserem Haus wohnen.

Das Haus ist unser gemeinsames Eigentum!

Als ich dies strikt verweigerte und meinen Mann aufforderte, selbst mitsamt seiner ‚stockbesoffenen Wanderhure‘ das Haus zu verlassen, flippte er aus. Es kam zum Streit, in dessen Verlauf ich von ihm mit den Worten: ‚Du dumme Schell!', ‚Daube Dachplatt!', ‚Gschuckte Beißzang!', ‚Giftschpritz!' und dem Spruch ‚Du kriegsch dein Fett ab, Du Flachschippe!' beleidigt wurde. Wutentbrannt gab er mir zwei Ohrfeigen, bis ich nach draußen geflüchtet bin.

Bevor er die Haustüre schloss, warf er mir meine gute Lederhandtasche samt Geldbeutel und Ausweis hinterher, die aber in einer Rosenhecke landete, wobei an der Ledertasche leichte Beschädigungen entstanden sind.

Frau Sauber ging währenddessen in das Wohnzimmer. Kurz bevor ich das Haus verließ, sah ich noch, dass sie sich auf unser Sofa setzte. Ich nahm die Tasche und flüchtete zu Frau Schön, meiner Nachbarin. So ein Verhalten muss ich mir doch nicht bieten lassen! Ich glaub, ich bin im falschen Film!

Und was wird aus unseren Zwillingen, die heute Abend von der Konfirmandenfreizeit heimkommen?"

Nachdem die Befragung von Frau Richter abgeschlossen ist, begeben sich die Beamten zum Anwesen der Familie Richter. Sie klingeln mehrfach an der Haustüre. Nach etwa einer Minute öffnet Herr Rolf Richter (R) die Türe. Im Hintergrund hört man eine Frauenstimme rufen: „Rolf, isch habs Glöcksche an de Hausdür klingle ghört".

R macht auf die Beamten einen klaren Eindruck und bittet diese in den Flur. Von dort können sie eine Frau im Wohnzimmer auf dem Sofa liegen sehen. Die Beamten begeben sich ebenfalls in das Wohnzimmer. Auf dem Tisch vor der Frau steht eine Flasche Sekt.

R fragt nach dem Grund des Erscheinens. Die Beamten machen ihm den entsprechenden Tatvorhalt, worauf R äußert, dass es zu einem Zerwürfnis mit seiner „Noch-Ehefrau" gekommen sei. Diese sei danach freiwillig Hals über Kopf aus dem Haus gegangen. Sie brauche gar nicht mehr zurückzukommen, jetzt seien die Fronten geklärt und er wolle mit Gabi Sauber ein neues, sinnvolleres Leben beginnen. Nach Erläuterung der Rechtslage fordert einer der Beamten den R bis zur endgültigen Entscheidung der Behörde auf, die Wohnung sofort zu verlassen und bis Dienstag, 21.05.2024, 12.00 Uhr, nicht zurückzukehren. R widerspricht zunächst, fügt sich dann aber (20.05.2024 war Pfingstmontag).

Frau Sauber erteilen die Beamten einen Platzverweis, den diese umgehend befolgt.

Aufgabe

Prüfen Sie, ob der Wohnungsverweis des R rechtmäßig war!

Lösungsvorschlag

1. Ermächtigungsgrundlage

Da mit dem Wohnungsverweis wegen der Beschränkung der Nutzungsbefugnis der Wohnung in Art. 14 Abs. 1 GG eingegriffen wird, bedarf es einer gesetzlichen Ermächtigungsgrundlage.

Diese ist für den Wohnungsverweis spezialgesetzlich in § 30 Abs. 3 Satz 1 PolG BW geregelt.

2. Formelle Rechtmäßigkeit der Maßnahme

Die Beamten müssten zuständig und die Verfahrens- und Formvorschriften müssten beachtet worden sein.

2.1 Zuständigkeit

Die Beamten müssten sachlich und örtlich zuständig sein.

2.1.1 Sachliche Zuständigkeit

Da die Ermächtigung des § 30 Abs. 3 Satz 1 PolG BW nicht im Katalog der Parallelzuständigkeiten des § 105 Abs. 3 PolG BW aufgeführt ist, bedarf es einer Eilzuständigkeit des Polizeivollzugsdienstes im Sinne des § 105 Abs. 2 PolG BW. Da es Samstag ist, ist davon auszugehen, dass die zuständige Ortspolizeibehörde nicht erreichbar ist und die Eilzuständigkeit bejaht werden kann.

Denkbar wäre auch, die sachliche Zuständigkeit direkt aus § 30 Abs. 4 Satz 1 PolG BW herzuleiten, da dort geregelt ist, dass der Polizeivollzugsdienst für die Anordnung eines Wohnungsverweises mit einer Dauer von bis zu vier Werktagen zuständig ist. Allerdings ist dort eher eine Befristung geregelt und keine originäre Zuständigkeit.

2.1.2 Örtliche Zuständigkeit

Die örtliche Zuständigkeit ergibt sich aus §§ 120, 121 Abs. 1 Nr. 6 PolG BW.

2.2 Verfahren

Da es sich beim Wohnungsverweis um einen Verwaltungsakt handelt, muss dieser zu seiner Wirksamkeit bekannt gegeben werden (§§ 41 Abs. 1, 43 LVwVfG). Einer Begründung bedarf es bei einem mündlich (§ 37 Abs. 2 LVwVfG) erteilten VA nicht (§ 39 Abs. 1 LVwVfG).

Von einer Anhörung des R nach § 28 Abs. 1 LVwVfG ist durch das mit ihm geführte Gespräch auszugehen.

2.3 Form

Besondere Formvorschriften sind nicht zu beachten.

2.4 Fristen

Der Wohnungsverweis ist bei Erteilung durch den Polizeivollzugsdienst auf vier Werktage zu befristen (§ 30 Abs. 4 S. 1 PolG BW). Werktage sind die Tage von Montag bis Samstag, nach anderer Ansicht von Montag bis Freitag. Auf eine Streitentscheidung kommt es aufgrund des Sonntags und des Pfingstmontags nicht an, das Erfordernis der Höchstdauer von vier Werktagen ist eingehalten.

3. Materielle Rechtmäßigkeit der Maßnahme

Die Tatbestandsvoraussetzungen des § 30 Abs. 3 S. 1 PolG BW müssten vorliegen und die richtige Rechtsfolge müsste gewählt worden sein.

3.1 Tatbestandsvoraussetzungen und Rechtsfolge der Ermächtigungsgrundlage

Tatbestandlich muss es sich um die eigene Wohnung bzw. um den unmittelbar angrenzenden Bereich einer Person handeln, die zum Schutz einer anderen Bewohnerin oder eines anderen Bewohners dieser Wohnung (verletzte oder bedrohte Person) vor einer unmittelbar bevorstehenden erheblichen Gefahr verwiesen wird. Dazu muss die Maßnahme erforderlich sein.

- **Bewohner einer Wohnung bzw. unmittelbar angrenzender Bereich**

  Wohnung ist in diesem Kontext jede zum privaten Aufenthalt von Menschen genutzte Räumlichkeit. Ob jemand Bewohner ist, richtet sich nicht nach den Eigentums- oder Mietverhältnissen, sondern nach den tatsächlichen Verhältnissen. Die Wohnung steht nach den Angaben von Frau R zwar im gemeinsamen Eigentum, das ist aber nicht entscheidend. Entscheidend ist die Tatsache, dass sowohl Herr und Frau Richter tatsächlich gemeinsam in der Wohnung wohnen. R ist damit Bewohner im Sinne von § 30 Abs. 3 Satz 1 PolG BW.

- **Unmittelbar bevorstehende erhebliche Gefahr**

  Die vom Gesetz geforderte unmittelbar bevorstehende erhebliche Gefahr muss von einem Bewohner für einen anderen Bewohner dieser Wohnung (verletzte oder bedrohte Person) ausgehen. Die Gefahr realisiert sich dabei regelmäßig in Körperverletzungsdelikten oder Beleidigungen und Körperverletzungsdelikten, also in einer erheblichen Gefahr, da es sich dabei um Straftatbestände handelt.

  Vorliegend ist Frau Richter von ihrem Ehemann beleidigt und geschlagen worden. Auch droht er ihr („Du kriegsch dein Fett ab, Du Flachschippe!"). Ebenso kann man im Hinauswerfen der Handtasche eine Bedrohung sehen, da R damit signalisiert, seine Frau nicht mehr ins Haus zu lassen. Eine Prognoseentscheidung kann auch zum Schutz der Kinder eine Notwendigkeit des Verweisens erfordern.

- **Erforderlichkeit**

  Die Maßnahme war auch erforderlich. Eine mildere, gleich effektive Maßnahme wie eine Gefährderansprache, ist aufgrund der Bedrohungslage und der vorausgegangenen Körperverletzung zum Nachteil der Frau Richter nicht ersichtlich.

Zwischenergebnis

Die Tatbestandsvoraussetzungen liegen vor.

3.2 Adressat

Der R müsste tauglicher Adressat der Maßnahme sein. Er ist Verhaltensstörer nach § 6 Abs. 1 PolG BW, weil er unmittelbar die Ursache für die Bedrohung gesetzt hat.

3.3 Grundsatz der Verhältnismäßigkeit (§ 5 PolG BW)

Die Maßnahme müsste insbesondere verhältnismäßig gewesen sein

- **Geeignetheit**

  Der Wohnungsverweis war geeignet, um die Gefahr für Frau Richter und die Kinder abzuwehren.

- **Erforderlichkeit**

  Die Frage nach einer gleich effektiven, aber milderen Maßnahme wurde bereits tatbestandlich mit der Frage in den Tatbestandsvoraussetzungen geprüft (s. o.).

- **Angemessenheit**

  Die Maßnahme des Wohnungsverweises darf nicht außer Verhältnis zum Grundrechtseingriff aufseiten des R stehen. Aufseiten des R wurde in dessen Grundrecht aus Art. 14 Abs. 1 GG eingegriffen. Dieser Eingriff wiegt aber im Vergleich zu den zu schützenden Grundrechten aufseiten von Frau Richter auf deren körperliche Unversehrtheit und deren Recht auf Wohnung (unfreiwillige Obdachlosigkeit ist eine Gefahr für die öffentliche Sicherheit) nicht so schwer, insbesondere da der R für die Situation selbst die Ursache gesetzt hat.

3.4 Ermessensausübung

Die Beamten mussten einschreiten, damit Frau Richter und später deren Kinder gefahrlos in die gemeinsame Wohnung zurückkehren können. Die Maßnahme erging auch zu Recht gegenüber R. Die Gefahr ging zwar auch von Frau Sauber aus, aber Adressat konnte nur der R sein, diese Auswahl ist damit auch ermessensfehlerfrei.

Hinweis

In der Ermessensausübung hätte auch die Frage der Befristung auf vier Werktage angesprochen werden können, da es ermessensfehlerhaft wäre, die Befristung auf mehr als vier Werktage auszudehnen (Ermessensüberschreitung).

Ergebnis

Der Wohnungsverweis war rechtmäßig.

Fall 28
Betreten der Wohnung – § 36 PolG

Sachverhalt

Zwei Beamte befinden sich auf Streifenfahrt im Revierbereich und werden an die Wohnanschrift der Familie Müller geschickt, da laut der Nachbarin wieder einmal ein Streit im Gange sei.

Über das Lagebild erfahren Sie, dass es nicht der erste Fall von häuslicher Gewalt bei Familie Müller ist und Herr Müller (M) in der Vergangenheit bereits mehrere Wohnungsverweise deswegen erhalten hatte.

Als die Beamten gegen 11.00 Uhr unmittelbar vor der Wohnung sind, erhalten sie von der Wache die Mitteilung, dass nun auch Frau Müller über Notruf angerufen habe. Sie habe mitgeteilt, dass sie sich im Schlafzimmer eingeschlossen hat und ihr Mann nunmehr versuche, mit einer Axt die Schlafzimmertür einzuschlagen.

Als unmittelbar danach die zweite Streife vor der Wohnungstür eintrifft und laute Hilferufe und Schlaggeräusche aus der Wohnung zu hören sind, aber auf starkes Klopfen und Klingeln nicht geöffnet wird, entschließen sich die Beamten, die Wohnungstür gewaltsam zu öffnen.

Im Wohnzimmer sehen sie den M, der mit einer Axt auf eine Zimmertür einschlägt. Die Beamten fordern ihn unmissverständlich auf, die Axt wegzulegen. Daraufhin kommt er in drohender Haltung mit der Axt auf diese zu. Als er trotz Androhung des Pfeffersprays immer noch auf die Beamten zukommt, setzen diese das Pfefferspray gezielt ein. M geht daraufhin schreiend zu Boden und hält sich die Hände vor seine Augen.

Dem M können daraufhin die Fesseln angelegt werden.

Im Schlafzimmer treffen die Beamten Frau Müller an. Da sie erhebliche Verletzungen aufweist, wird über die Wache ein Notarzt angefordert.

Aufgabe

Prüfen Sie, ob die Tatbestandsvoraussetzungen zum Betreten der Wohnung vorliegen.

Lösungsvorschlag

3.1 Tatbestandsvoraussetzungen des § 36 Abs. 1 PolG BW

Gemäß § 36 Abs. 1 Satz 1 PolG BW kann die Polizei eine Wohnung gegen den Willen des Inhabers nur betreten, wenn dies zum Schutz eines Einzelnen oder des Gemeinwesens gegen dringende Gefahren für die öffentliche Sicherheit oder Ordnung erforderlich ist.

- **Betreten**

  Das Betreten umfasst das Eintreten, notfalls das gewaltsame Eindringen, das Verweilen und das Treffen einfacher Feststellungen (ohne Behältnisse zu öffnen oder Veränderungen an der Wohnung vorzunehmen) in Wohnungen; sogenannte einfache Um- und Nachschau.

- **Wohnungsbegriff**

  Eine Wohnung (Art. 13 GG) ist jede tatsächlich zum privaten oder beruflichen Aufenthalt von Menschen genutzte Räumlichkeit. Der Wohnungsbegriff wird traditionell weit ausgelegt und erfasst nicht nur die Wohnung im engeren Sinn, sondern auch alle Nebenräume wie Keller, Bühne, Flure, Treppenhaus, Garage, Gartenhäuser und Schuppen sowie Balkone, Terrassen und auch Gärten, soweit diese nach außen erkennbar abgegrenzt sind.

  Der Wohnungsbegriff ist hier unproblematisch erfüllt.

- **Gegen den Willen des Inhabers**

  Im Zweifelsfall muss davon ausgegangen werden, dass das Betreten der Wohnung gegen den Willen des Inhabers erfolgt.

- **dringende Gefahr für die öffentliche Sicherheit oder Ordnung**

  Es muss eine dringende und konkrete Gefahr für die öffentliche Sicherheit oder Ordnung vorliegen. Eine konkrete Gefahr ist eine Sachlage, die bei ungehinderter Fortentwicklung mit hinreichender Wahrscheinlichkeit in absehbarer Zeit zu einer Beeinträchtigung der polizeilichen Schutzgüter führt. Eine dringende Gefahr ist dann zu bejahen, wenn eine Gefahr für ein wichtiges Rechtsgut mit hinreichender Wahrscheinlichkeit sofort oder in allernächster Zukunft eintreten wird.

  Die öffentliche Sicherheit als polizeiliches Schutzgut umfasst die Unverletzlichkeit der objektiven Rechtsordnung, den Schutz der subjektiven Rechte und Rechtsgüter des Einzelnen und den Schutz des Bestandes des Staates und übriger Träger öffentlicher Gewalt, ihrer Einrichtungen und ihrer Veranstaltungen.

Es besteht zum einen eine Gefahr für die Gesundheit und das Leben der Frau Müller, da Hilferufe und Schreie aus der Wohnung kommen und Herr Müller mit der Axt in die Zimmertür schlägt, um sich Zutritt zu verschaffen. So muss man davon ausgehen, dass Herr Müller aggressiv ist und ggf. mit der Axt auf seine Frau einschlägt und diese schwer verletzt oder sogar tötet.

- **Erforderlichkeit**

  Das Betreten muss zudem erforderlich sein.

  Die Erforderlichkeit ist dann gegeben, wenn das polizeiliche Ziel nicht auf andere Weise erreicht werden kann. Mildere Mittel mit gleicher Erfolgsaussicht gibt es hier nicht. Da hier eine Gefahr für die Gesundheit und das Leben der Frau Müller besteht und Herr Müller mit der Axt in die Zimmertür schlägt, um sich Zutritt zu verschaffen, muss die Wohnung betreten werden, um Schlimmeres zu verhindern.

Ergebnis

Die Tatbestandsvoraussetzungen für das Betreten der Wohnung von Familie Müller waren gegeben.

Merke

Der wesentliche Unterschied zwischen dem Betreten der Wohnung nach § 36 Abs. 1 PolG BW und der Durchsuchung der Wohnung nach § 36 Abs. 2 PolG BW liegt in den unterschiedlichen Anforderungen bei den Tatbestandsvoraussetzungen und der formellen Rechtmäßigkeit.

Während beim Betreten, je nach Tages- oder Nachtzeit, eine Mindestanforderung an die Gefahrenstufe als Berechtigung zum Betreten einer Wohnung gestellt wird, ist bei der Durchsuchung keinerlei Gefahrenstufe gefordert.

Bei der Durchsuchung müssen Tatsachen für die Annahme vorliegen, dass sich in der Wohnung eine Person aufhält, die

- in Gewahrsam genommen werden darf,
- widerrechtlich festgehalten wird,
- infolge Hilflosigkeit an Leib oder Leben gefährdet ist oder
- Tatsachen die Annahme rechtfertigen, dass sich eine Sache in der Wohnung befindet, die sichergestellt oder beschlagnahmt werden darf.

Jedoch hat der Gesetzgeber hier in der formellen Rechtmäßigkeit den Richtervorbehalt in § 36 Abs. 5 PolG BW normiert, der in Art. 13 GG garantiert ist.

Fall 29
Beschlagnahme – § 38 PolG BW

Sachverhalt

Zwei Beamte des Polizeireviers Rastatt befinden sich auf Streifenfahrt, als sie gegen 11.00 Uhr in die Gernsbacher Straße 43 geschickt werden. In der dortigen Gaststätte „*Zur Schenke*“ würde sich eine junge Frau im Toilettenbereich aufhalten, die voll mit Blut beschmiert sei. Sie würde wirr daherreden.

Vor Ort werden Sie von der Wirtin, die angerufen hatte, direkt zu dem WC geführt. Sie gibt an, dass Gäste sie auf die junge Frau aufmerksam gemacht hätten, weil sie sich in einer Damentoilette eingeschlossen und herumgeschrien hätte. Auf ihr Zureden und das der Gäste habe sie die Toilettentür aufgemacht. Die Frau sei von oben bis unten voll mit Blut gewesen. Auf Ansprache habe sie jedoch nur wild um sich geschlagen und geschrien.

In der Damentoilette angekommen öffnen die Beamten die Türe und sehen die junge Frau neben der Toilette sitzen. Immer wieder schlägt sie ihren Kopf an die Wand und spricht wirre Dinge.

Die Wände des Toilettenraumes sind mit Blut beschmiert. Die junge Frau hat eine Platzwunde an der rechten Stirnseite und ihre Hände sind mit Blut verschmiert. Sie macht einen aufgewühlten und verängstigten Eindruck.

Als die Beamten die junge Frau nach ihren Personalien fragen, antwortet sie nicht, sondern fängt an, leise vor sich hin zu singen. Es gelingt nicht, mit ihr ins Gespräch zu kommen, da sie „geistesabwesend“ wirkt und auf Fragen überhaupt nicht reagiert. Der Aufforderung, aufzustehen und mit ins Lokal zu kommen, folgt sie jedoch wortlos.

Die Beamten beschließen, die junge Frau zu durchsuchen. Bei der Durchsuchung ihres Mantels finden Sie darin ihren Personalausweis und eine Nagelschere.

Bei der jungen Frau handelt es sich laut Personalausweis um Tanja Wirr (W), geb. 01.01.1988 in Hirsau, wh. Rastatt, Friedrich-Hecker-Str. 90.

Die Beamten versuchen weiterhin, mit der W ins Gespräch zu kommen, um die Herkunft des Blutes bzw. den Grund ihres Verhaltens zu klären. Die W beginnt während des Gesprächs – neben dem ununterbrochenen Singsang – immer lauter und heftiger mit beiden Schuhen auf den Fußboden zu stampfen.

Die Beamten entschließen sich, die W ins Zentrum für Psychiatrie zu bringen, erklären ihr dies und beschlagnahmen die Nagelschere.

Aufgabe

Prüfen Sie die materielle Rechtmäßigkeit der Beschlagnahme der Nagelschere!

Lösungsvorschlag

3. Materielle Rechtmäßigkeit der Maßnahme

Die Prüfung der materiellen Rechtmäßigkeit besteht zunächst aus der Prüfung der Tatbestandsvoraussetzungen der Ermächtigungsgrundlage, damit die gewünschte Rechtsfolge erzeugt wurde. Als Ermächtigungsgrundlage kommt vorliegend § 38 Abs. 1 Nr. 2 PolG BW in Betracht.

3.1 Tatbestandsvoraussetzungen und Rechtsfolge der Ermächtigungsgrundlage

Gemäß § 38 Abs. 1 Nr. 2 PolG PolG BW kann die Polizei eine Sache beschlagnahmen, wenn dies erforderlich ist, um eine missbräuchliche Verwendung zu verhindern, und die Person nach dem PolG BW oder anderen Rechtsvorschriften festgehalten oder in Gewahrsam genommen worden ist.

- **Missbräuchliche Verwendung**

  Eine missbräuchliche Verwendung liegt vor, wenn sich die Person durch den Gegenstand selbst oder andere gefährden oder sich die Person durch den Gegenstand dem Gewahrsam entziehen könnte.

  Die W könnte sich, aber auch die Beamten, mit der Nagelschere gefährden. Sie könnte auch versuchen, sich mit der Nagelschere dem Gewahrsam zu entziehen, da diese grundsätzlich dazu geeignet ist, Verletzungen herbeizuführen.

- **Festhalten oder in Gewahrsam nehmen**

  Des Weiteren muss der Gegenstand einer Person gehören, die nach dem PolG BW oder anderen Rechtsvorschriften festgehalten oder in Gewahrsam genommen worden ist. Die jeweilige Formulierung *„festge-*

halten worden ist“ oder „*in Gewahrsam genommen worden ist*“ ist missverständlich. Gemeint ist „*die festgehalten werden darf*“ oder in „*Gewahrsam genommen werden darf*“ und ist als Verweis zu verstehen, die Tatbestände des Festhaltens oder des Gewahrsams zu prüfen.

Vorliegend darf die W jedenfalls nach § 33 Abs. 1 Nr. 2b PolG BW in Gewahrsam genommen werden. Sie befindet sich erkennbar in einem die freie Willensbestimmung ausschließenden Zustand oder zumindest in einer hilflosen Lage. Dass Maßnahmen zur Unterbringung in einer anerkannten psychiatrischen Einrichtung nach §§ 13 ff. PsychKHG BW Vorrang gegenüber dem polizeilichen Schutzgewahrsam haben, ändert an dieser Einschätzung nichts.

- **Erforderlichkeit**

Die Frage nach einem milderen, aber gleich effektiven Mittel ist hier Tatbestandsmerkmal.

Die Beschlagnahme der Nagelschere, wenn auch nur kurzfristig, war erforderlich, da aufgrund des Zustandes der W die Gefahr bestand, dass sie die Schere verwendet, um sich oder Dritte zu gefährden. Durch die Beschlagnahme der Nagelschere war die Gefahr gebannt und die W kann gefahrlos in eine Einrichtung gebracht werden.

3.2 Adressat

Die W müsste taugliche Adressatin der Beschlagnahme sein.

Die W war taugliche Adressatin der Beschlagnahme. Die Gefahr durch einen möglichen Einsatz der Nagelschere ging von der W aus, sodass sie als Verhaltensstörerin nach § 6 Abs. 1 PolG BW anzusehen ist.

3.3 Grundsatz der Verhältnismäßigkeit

Die Maßnahme war insbesondere verhältnismäßig. Mildere Mittel waren nicht ersichtlich (s. o.) und die Maßnahme steht auch nicht erkennbar außer Verhältnis zum beabsichtigten Erfolg. Die Nagelschere dürfte für die W zum entscheidungserheblichen Zeitpunkt keine gesonderte Bedeutung haben, sodass der Eingriff in ihre Grundrechte im Hinblick auf die zu schützenden Rechtsgüter der W und der Beamten gerechtfertigt ist.

3.4 Ermessensausübung

Weitere Ermessensfehler sind nicht ersichtlich.

Ergebnis

Die Beschlagnahme der Nagelschere der W war rechtmäßig.

Fall 30
Beschlagnahme – § 38 PolG BW

Sachverhalt

Gegen 22.30 Uhr ruft Frau Kathrin Klein-Schmidt (K) sehr verängstigt über Notruf an und teilt mit, dass sie soeben einen Anruf ihres Mannes erhalten habe, in welchem er sie aufs Übelste beleidigte und ihr androhte, zurückzukommen und ihr zu zeigen, wer der „*Chef*“ ist. Herr Siegfried Schmidt (S) war erst eine halbe Stunde zuvor von der Polizei aus der Wohnung verwiesen worden, da er seiner Frau gegenüber handgreiflich geworden war. Aufgrund seiner Aussprache und seiner Aggressivität nimmt die K an, dass ihr Mann einiges an Alkohol getrunken habe. In diesem Zustand sei er völlig unberechenbar.

Sie teilt weiter mit, dass S – ohne jegliche behördliche Erlaubnis – eine Pistole bei sich habe. Er sei mit seinem schwarzen 3er BMW, amtliches Kennzeichen KN-KS 405, unterwegs.

Gegen 23.00 Uhr fahren zwei Beamte mit einer zweiten Streife zur gemeinsamen Wohnung von S und K in der Lindauer Straße 100 in Konstanz.

Dort eingetroffen, stellen die Beamten den schwarzen BMW von S unweit der Wohnung fest. S kann von der Polizei auf der Straße vor dem Anwesen Lindauer Straße 100 angetroffen werden. Als der die Beamten bemerkt, nimmt er eine drohende Haltung ein und schreit: „Einen Siegfried Schmidt wirft man nicht ungestraft aus seiner Wohnung!“ Er ist offensichtlich angetrunken.

Nach Androhung von Zwangsmitteln gelingt es zusammen mit der zweiten Streife, den Mann zu überwältigen. Die Beamten erklären ihm den Gewahrsam, durchsuchen ihn und finden in der Jackentasche eine Schusswaffe, die umgehend beschlagnahmt wird. Wie sich später herausstellte, handelte es sich um eine ungeladene Schreckschusswaffe (Pistole Luger, PTB im Kreis).

Aufgabe

Prüfen Sie, ob die Beschlagnahme der Waffe rechtmäßig war!

Lösungsvorschlag

1. Ermächtigungsgrundlage

Da mit der Beschlagnahme der Waffe in die Grundrechte des S eingegriffen wird, bedarf es einer gesetzlichen Ermächtigungsgrundlage. Man könnte zunächst an § 38 Abs. 1 Nr. 1 oder Nr. 2 PolG BW denken. Dies würde aber den Vorrang des speziellen Gesetzes vor dem allgemeineren verkennen, denn mit § 46 Abs. 4 Satz 1 Nr. 2 WaffG steht eine vorrangige Regelung zur Verfügung. Dort wird zwar der Begriff Beschlagnahme nicht genannt, sondern von Sicherstellung gesprochen. Die Sicherstellung im waffenrechtlichen Sinne ist aber mit der Beschlagnahme identisch, da das Waffengesetz im Gegensatz zum Polizeigesetz nicht zwischen Sicherstellung und Beschlagnahme unterscheidet.

2. Formelle Rechtmäßigkeit

Die eingesetzten Beamten müssten sachlich und örtlich zuständig gewesen und alle Verfahrensvorschriften müssten eingehalten worden sein.

2.1 Zuständigkeit

Die eingesetzten Beamten müssten zunächst zuständig sein.

2.1.1 Sachliche Zuständigkeit

Die sachliche Zuständigkeit bei Befugnissen aus dem WaffG ergibt sich aus der DVOWaffG. Nach § 1 Abs. 3 Satz 1 DVOWaffG ist der Polizeivollzugsdienst dann für Maßnahmen sachlich zuständig, wenn bei Gefahr im Verzug ein sofortiges Tätigwerden erforderlich erscheint und die eigentlich zuständige Behörde (Kreispolizeibehörde nach § 1 Abs. 1 DVOWaffG) nicht erreichbar ist. So liegt der Fall hier. Es ist 22.30 Uhr und die eigentlich zuständige Kreispolizeibehörde (hier die Große Kreisstadt Konstanz) ist nicht zu erreichen. Aufgrund der beschriebenen Gefahrensituation mussten die Beamten sofort tätig werden, um zu verhindern, dass der S die Waffe missbräuchlich verwendet.

2.1.2 Örtliche Zuständigkeit

Die örtliche Zuständigkeit ergibt sich mangels spezialgesetzlicher Regelungen wieder ganz klassisch aus §§ 120, 121 Abs. 1 Nr. 5 PolG BW. Allerdings muss die Waffenbehörde so bald als möglich unterrichtet werden (§ 1 Abs. 3 Satz 2 DVOWaffG).

2.2 Verfahren

Bei der Beschlagnahme handelt es ich um einen (Dauer-)Verwaltungsakt gemäß § 35 Satz 1 LVwVfG. Dieser muss bekannt gegeben werden, um rechtswirksam zu werden (§§ 41 Abs. 1, 43 LVwVfG). Die Erklärung der Beschlagnahme konnte mündlich erfolgen (§ 37 Abs. 2 LVwVfG). Um die strengeren Verfahrensvoraussetzungen der polizeigesetzlichen Beschlagnahmeermächtigung nicht zu umgehen, ist dem S der Grund der Maßnahme und die gegen die Maßnahme zulässigen Rechtsbehelfe zu erörtern (vgl. § 38 Abs. 3 PolG BW), auch wenn mündlich erteilte Verwaltungsakte nicht begründet werden müssen (§ 39 Abs. 1 LVwVfG).

2.3 Form

Formvorschriften sind nicht zu beachten.

3. Materielle Rechtmäßigkeit

3.1 Tatbestandsvoraussetzungen und Rechtsfolge der Ermächtigungsgrundlage

Tatbestandlich fordert § 46 Abs. 4 Satz 1 Nr. 2 WaffG in Bezug auf den Sachverhalt den Besitz von Waffen und/oder Munition ohne die erforderliche Erlaubnis sowie Tatsachen, welche die Annahme rechtfertigen, dass die Waffe oder die Munition missbräuchlich verwendet wird. Diese Voraussetzungen liegen vor. Der S hat keine Erlaubnis (kleiner Waffenschein), obwohl er die Waffe führt. Es liegen auch Tatsachen vor, die die Annahme der missbräuchlichen Verwendung rechtfertigen.

Eine missbräuchliche Verwendung liegt vor, wenn sich die Person selbst oder andere durch den Gegenstand gefährden oder sich die Person durch den Gegenstand dem Gewahrsam entziehen könnte. Die Schreckschusswaffe des S wird im Sachverhalt beschlagnahmt, um zu verhindern, dass er sich oder die Beamten mit dieser gefährdet oder er versucht, sich damit aus dem Gewahrsam zu befreien. Da er der Polizei gegenüber geäußert hat, dass man einen Siegfried Schmidt nicht ungestraft aus dem Haus wirft, ist mit einer missbräuchlichen Verwendung durch den Waffeninhaber zu rechnen. Auch liegt der Einsatz der Waffe gegenüber seiner Frau nicht fern.

3.2 Adressat

Der S müsste tauglicher Adressat der Maßnahme sein. Das ist jeder, der die Waffe ohne die erforderliche Erlaubnis führt und von dem die Gefahr der rechtsmissbräuchlichen Verwendung ausgeht. Dies ist hier der S, er muss dulden, dass seine Waffe, auch gegen seinen Willen, beschlagnahmt wird.

3.3 Grundsatz der Verhältnismäßigkeit

Die Maßnahme war verhältnismäßig. Die Beschlagnahme war geeignet, um die Gefahr abzuwehren und die waffengesetzwidrigen Zustände zu beenden. Mildere, gleich effektive Mittel sind nicht ersichtlich. Die Beschlagnahme war auch angemessen. Der Eingriff in die Grundrechte des S (Art. 14 GG, zumindest in Art. 2 Abs. 1 GG) wiegen nicht so schwer, wie das Interesse an einer effektiven Gefahrenabwehr.

3.4 Ermessensausübung

Ermessensfehler über die Prüfung der Verhältnismäßigkeit hinaus sind weder im Hinblick auf das Entschließungsermessen noch auf das Auswahlermessen ersichtlich.

Ergebnis

Die Beschlagnahme der Waffe war rechtmäßig.

Fall 31
Generalklausel, Vollstreckung

Sachverhalt

Am Freitag, den 22.09.2023 gegen 21.00 Uhr geht über den Notruf bei der Polizei die Meldung ein, dass auf dem Schlossberg in Herrenberg eine männliche Person „*völlig ausrasten würde*". Bei dem aggressiven Mann handelt es sich um den polizeibekannten 40 Jahre alten Frank Frey (F). PM Saur (S) und POM Hahn (H) fahren daraufhin unverzüglich den Ereignisort an.

Vor Ort stellen die Beamten eine größere Menschenmenge fest, in deren Mitte sich eine wild tobende Person aufhält. Wie sich herausstellt, handelt es sich dabei tatsächlich um den F. Der F steht mit einem Butterflymesser im Mittelpunkt der Menschenmenge, sticht immer wieder um sich und schreit laut. Augenscheinlich wurde jedoch noch keine der umstehenden Personen verletzt. Der F macht auf die Beamten einen verwirrten und stark alkoholisierten Eindruck.

Die Beamten fordern den F auf, das Messer sofort wegzulegen, andernfalls würden sie Pfefferspray einsetzen. Auf diesen Anruf reagiert der F überhaupt nicht, woraufhin die Beamten die Aufforderung noch ein weiteres Mal, ebenfalls erfolglos, wiederholen.

Als die Person einen Moment unaufmerksam ist, gelingt es, den F unter Einsatz des Pfeffersprays zu überwältigen und ihm das Messer aus der Hand zu nehmen.

Aufgabe

Prüfen Sie die Rechtmäßigkeit der polizeilichen Maßnahmen!

Lösungsvorschlag zur Rechtmäßigkeit der Aufforderung, das Messer wegzulegen

1. Ermächtigungsgrundlage

Da die Beamten in die Grundrechte des F (zumindest in Art. 2 Abs. 1 GG) eingreifen, bedarf ihr Handeln einer gesetzlichen Ermächtigungsgrundlage.

Da es für diesen Vorfall keine spezialgesetzliche Regelung gibt, ziehen die Beamten als Ermächtigungsgrundlage die Generalermächtigung im Sinne von § 1 Abs. 1 Satz 1 i. V. m. § 3 PolG BW heran.

2. Formelle Rechtmäßigkeit

Die Maßnahme müsste zunächst formell rechtmäßig, das heißt die Beamten müssten sachlich und örtlich zuständig sein und die Verfahrens- und Formvoraussetzungen müssten vorliegen.

2.1 Zuständigkeit

S und H müssten zunächst sachlich und örtlich zuständig sein.

2.1.1 Sachliche Zuständigkeit

Die sachliche Zuständigkeit von Beamten des Polizeivollzugsdienstes zur Anwendung der polizeilichen Generalklausel nach §§ 1 Abs. 1 Satz 1, 3 PolG BW ergibt sich ausschließlich über die Eilzuständigkeit des § 105 Abs. 2 PolG BW. Demnach ist der Polizeivollzugsdienst zuständig, wenn ein sofortiges Tätigwerden erforderlich erscheint. Die vorgefundene Situation erfordert ein sofortiges Einschreiten der Beamten. Der F befindet sich augenscheinlich in einem alkoholisierten und verwirrten Zustand, sodass die Eilzuständigkeit in solchen Situationen – unabhängig von Tag und Uhrzeit – stets gegeben ist.

2.1.2 Örtliche Zuständigkeit

Die Beamten waren auch örtlich zuständig (§§ 120, 121 PolG BW).

2.2 Verfahren

Bei der Aufforderung, das Messer wegzulegen, handelt es sich zweifellos um einen Verwaltungsakt im Sinne von § 35 Satz 1 LVwVfG. Damit der Verwaltungsakt wirksam wird, bedarf es der Bekanntgabe (§§ 41, 43 LVwVfG). Die Bekanntgabe kann dabei mündlich erfolgen (§ 37 Abs. 2 LVwVfG).

Einer Anhörung nach § 28 Abs. 1 LVwVfG bedurfte es wegen der Eilbedürftigkeit der Maßnahme nicht (§ 28 Abs. 2 Nr. 1 LVwVfG). Im Übrigen wäre eine zu Unrecht unterbliebene Anhörung nachholbar (§ 45 Abs. 1 Nr. 3 LVwVfG).

Aufgrund der mündlich bekannt gegeben Aufforderung, das Messer wegzulegen, war eine Begründung nach § 39 Abs. 1 LVwVfG entbehrlich.

2.3 Form

Besondere Formvorschriften sind nicht zu beachten.

3. Materielle Rechtmäßigkeit

Damit die Maßnahme auch materiell rechtmäßig ist, müssten zunächst die Tatbestandsvoraussetzungen vorliegen.

3.1 Tatbestandsvoraussetzungen und Rechtsfolge der Ermächtigungsgrundlage

Tatbestandlich erfordert eine Maßnahme nach §§ 1 Abs. 1 Satz 1, 3 PolG BW eine konkrete Gefahr für die öffentliche Sicherheit oder die öffentliche Ordnung.

Eine konkrete Gefahr ist eine Sachlage, die bei ungehinderter Fortentwicklung mit hinreichender Wahrscheinlichkeit in absehbarer Zeit zu einer Beeinträchtigung der polizeilichen Schutzgüter führt. Die öffentliche Sicherheit als polizeiliches Schutzgut umfasst die Unverletzlichkeit der objektiven Rechtsordnung, den Schutz der subjektiven Rechte und Rechtsgüter des Einzelnen und den Schutz des Bestandes des Staates und übriger Träger öffentlicher Gewalt, ihrer Einrichtungen und ihrer Veranstaltungen.

Wenn die Beamten hier nicht einschreiten, besteht die Gefahr schwerer Gesundheitsgefahren durch Stichverletzungen. Damit sind die Individualrechtsgüter Leben und körperliche Unversehrtheit bedroht. Diese Individualrechtsgüter sind auch durch die entsprechenden Straftatbestände des StGB abgesichert, sodass auch eine konkrete Gefährdung des Schutzes der objektiven Rechtsordnung im Raum steht.

Zudem zählen Butterflymesser zu den verbotenen Waffen im Sinne des Waffengesetzes. Das Führen eines solchen Messers gefährdet damit ebenfalls den Schutz der objektiven Rechtsordnung.

3.2 Adressat

Die Maßnahme müsste sich gegen einen tauglichen Adressaten richten.

Der F könnte Verhaltensstörer im Sinne von § 6 Abs. 1 PolG BW sein. Verhaltensstörer ist gemäß § 6 Abs. 1 PolG BW eine Person, die durch ihr Verhalten bewusst oder unbewusst die Bedrohung oder Störung der öffentlichen Sicherheit oder Ordnung herbeigeführt hat. Durch das Hantieren mit dem Messer verursacht der F die oben beschriebene Gefährdung der öffentlichen Sicherheit.

3.3 Grundsatz der Verhältnismäßigkeit (§ 5 PolG BW)

Die Aufforderung, das Messer wegzulegen, müsste auch verhältnismäßig ergangen sein.

- **Geeignetheit**

  Die Aufforderung war geeignet, um die Gefahr der missbräuchlichen Verwendung des Messers zu verhindern.

- **Erforderlichkeit**

  Mildere, gleich effektive Mittel als die Aufforderung sind nicht ersichtlich.

- **Angemessenheit**

  Es bestand für den F ein nur geringfügiger Eingriff in seine Grundrechte, der aufgrund der beschriebenen Gefahren angemessen war.

3.4 Ermessensausübung

Ermessensfehler über die Prüfung der Verhältnismäßigkeit hinaus sind weder im Hinblick auf das Entschließungsermessen noch auf das Auswahlermessen ersichtlich. Insbesondere das Entschließungsermessen der Beamten war auf Null reduziert. Sie mussten zur Abwehr einer Lebensgefahr bzw. einer Gesundheitsgefahr einschreiten.

Ergebnis

Die Aufforderung, das Messer wegzulegen, war rechtmäßig.

Lösungsvorschlag zur Rechtmäßigkeit des Einsatzes des Pfeffersprays

Da mit dem Einsatz des Pfeffersprays in die Grundrechte des F (körperliche Unversehrtheit) eingegriffen wird, bedarf es auch dazu einer gesetzlichen Ermächtigungsgrundlage.

1. Ermächtigungsgrundlage

Die Ermächtigungsgrundlage ergibt sich aus den §§ 63 Abs. 2, 64 ff., 66 Abs. 4 PolG BW i. V. m. §§ 2 ff. LVwVG.

2. Formelle Rechtmäßigkeit der Vollstreckungsmaßnahme

Die Anwendung unmittelbaren Zwangs durch den Gebrauch des Pfeffersprays müsste zunächst formell rechtmäßig sein.

2.1 Zuständigkeit

Für die Anwendung unmittelbaren Zwangs ist nach § 65 PolG BW der Polizeivollzugsdienst sachlich zuständig. Die örtliche Zuständigkeit ergibt sich aus §§ 120, 121 PolG BW.

2.2 Anhörung

Von einer Anhörung kann in der Verwaltungsvollstreckung grundsätzlich nach § 28 Abs. 2 Nr. 5 LVwVfG abgesehen werden. Allerdings hat die Anwendung unmittelbaren Zwangs für sich gesehen ohnehin den Charakter eines Realaktes, weshalb eine Anhörung in Bezug auf einen VA ohnehin nicht in Betracht kommt.

2.3 Androhung

Die Anwendung von UZW ist – außer bei Gefahr im Verzug – vorher gemäß § 66 Abs. 2 PolG BW anzudrohen, soweit es die Umstände zulassen. Die Androhung soll dem Adressaten der Grundverfügung (hier: „*Legen Sie das Messer weg*"), signalisieren, dass ihm im Falle der Missachtung Nachteile drohen, um ihm so Gelegenheit zu geben, der Anweisung Folge zu leisten. Die Androhung (bei der es sich im Übrigen um einen selbstständigen Verwaltungsakt handelt) ist hier erfolgt. Die Androhung konnte mündlich ergehen.

3. Materielle Rechtmäßigkeit

3.1 Allgemeine Vollstreckungsvoraussetzungen

Bei der Aufforderung an F, das Messer wegzulegen, müsste es sich um einen Verwaltungsakt handeln, der vollstreckbar ist. Verwaltungsakte sind nach § 2 LVwVfG vollstreckbar, wenn sie unanfechtbar geworden sind (Nr. 1) oder wenn die aufschiebende Wirkung eines Rechtsbehelfs entfällt (Nr. 2).

Diese Voraussetzungen liegen vor. Bei der Weisung, das Messer wegzulegen, handelt es sich um einen Verwaltungsakt (s. o.). Dieser ist zwar nicht unanfechtbar, aber bei Gefahr im Verzug kann nach § 21 LVwVG auf diese Voraussetzung verzichtet werden, sodass die Voraussetzung der Notwendigkeit eines vollstreckbaren Verwaltungsaktes bereits dadurch gegeben ist. Man kann auch argumentieren, dass die aufschiebende Wirkung eines Rechtsbehelfs nach § 80 Abs. 2 Satz 1 Nr. 2 VwGO entfällt. Das würde aber erst einmal bedingen, dass ein Rechtsbehelf wirksam eingelegt wird. In der Weigerung des F, das Messer wegzulegen, ist ein Rechtsbehelf in Form des Widerspruchs nicht wirksam eingelegt, denn Widersprüche sind nach § 70 Abs. 1 Satz 1 VwGO schriftlich, in elektronischer Form nach § 3a (L)VwVfG oder zur Niederschrift der Behörde zu erheben, was vorliegend nicht geschehen ist.

3.2 Auswahl des Zwangsmittels und dessen besondere Rechtmäßigkeitsvoraussetzungen (Besondere Vollstreckungsvoraussetzungen)

3.2.1 Auswahl des Zwangsmittels

Hier liegt eine unvertretbare Handlung vor, deshalb sind die Voraussetzungen der Anwendung unmittelbaren Zwangs durch die Anwendung des Pfeffersprays zu prüfen.

Es handelt sich um die Einwirkung auf eine Person in Form des Einsatzes einer „*Waffe*“ nach § 64 Abs. 1 PolG BW i. V. m. VwV PolG BW („*Reizstoffsprühgerät*“) und damit um unmittelbaren Zwang durch Waffengebrauch. Eine „Schusswaffe“ liegt – auch nach der Definition des Waffengesetzes – nicht vor, da die Geschosswirkung fehlt. Denkbar wäre auch, ein Hilfsmittel der körperlichen Gewalt anzunehmen.

3.2.2 Besondere Rechtmäßigkeitsanforderungen der Anwendung unmittelbaren Zwangs (§§ 63 Abs. 2, 66 Abs. 1, Abs. 4 PolG BW in Verbindung mit den Vorschriften des LVwVG)

3.2.2.1 Begriff des Unmittelbaren Zwangs

Unmittelbarer Zwang ist jede Einwirkung auf Personen oder Sachen durch einfache körperliche Gewalt, Hilfsmittel der körperlichen Gewalt oder Waffen (§ 64 Abs. 1 PolG BW), die ausschließlich vom Innenministerium bestimmt werden (§ 64 Abs. 2 PolG BW i. V. m. VwV zu § 50 Abs. 2 PolG a. F.).

Die Beamten verwenden im Sachverhalt das Pfefferspray (RSG), das im Sinne der VwV eine Waffe darstellt. Hier kann man – wie oben bereits erwähnt – allerdings auch die Auffassung vertreten, dass es aufgrund seiner relativ milden Wirkung im Gegensatz zur Schusswaffe unter den Voraussetzungen der Hilfsmittel der körperlichen Gewalt angewendet wird.

Der F als tauglicher Adressat des Grundverwaltungsaktes ist auch tauglicher Adressat der Anwendung unmittelbaren Zwangs. Zudem ist er Störer nach § 6 Abs. 1 PolG BW, da er die Anweisung der Beamten missachtet.

3.2.2.2 Besondere Voraussetzungen des UZW (§ 66 PolG BW)

- **Unmittelbarer Zwang als letztes Mittel (§ 66 Abs. 1 Satz 1 PolG BW)**

  Die Anwendung von UZW ist nach § 66 Abs. 1 Satz 1 PolG BW zunächst nur zulässig, wenn der polizeiliche Zweck auf andere Weise nicht erreichbar erscheint. Unter „*andere Weise*" versteht man jedes weniger einschneidende Mittel, das dem PVD zur Verfügung steht.

  Im Sachverhalt wurde der F mehrfach erfolglos unter Androhung von UZW aufgefordert, das Messer wegzulegen. Deshalb wurde dann das Pfefferspray eingesetzt, da es anders nicht möglich gewesen wäre, dem F das Messer abzunehmen.

- **Sachvorrang (§ 66 Abs. 1 Satz 2 PolG BW)**

  Der UZW soll, wenn möglich, zunächst gegen Sachen angewendet werden. Ein UZW gegen Sachen ist hier nicht tauglich, da damit der polizeiliche Zweck nicht erreicht werden kann.

- **Besondere Verhältnismäßigkeit nach § 66 Abs. 1 Satz 3 PolG BW**

  Das angewandte Mittel muss nach Art, hier Einsatz von Pfefferspray, und Maß, ein einzelner Sprühstoß in das Gesicht des F, um Angriffe mit dem Messer zu verhindern, dem Verhalten, Alter und Zustand des Betroffenen angemessen sein.

  Der F ist ein 40 Jahre alter Mann, der einen körperlich gesunden Eindruck macht. Er ist laut SV sehr verwirrt, stark alkoholisiert und aggressiv, weshalb der Einsatz des Pfeffersprays als angemessen angesehen werden kann. Die Benutzung des Pfeffersprays stellt für ihn keine erkennbare Belastung dar. Es war somit ein angemessenes Mittel, das von F. zu ertragen war. Weiterhin konnte durch die Anwendung des Pfeffersprays keine Gefahr für die umstehenden Personen entstehen.

- **Übermaßverbot (§ 66 Abs. 3 PolG BW)**

  Das Übermaßverbot gemäß § 66 Abs. 3 PolG BW besagt, dass die Anwendung von UZW zu beenden ist, wenn der polizeiliche Zweck erreicht ist oder durch UZW nicht erreichbar erscheint.

  Im SV wurde einmal mit dem RSG gesprüht, um dem Messer habhaft zu werden. Anschließend kam es zu keinem weiteren Einsatz des RSG mehr.

3.2.3 Ermessensfehlerfreie, insbesondere verhältnismäßige Entscheidung (abschließende Prüfung der Verhältnismäßigkeit, § 5 PolG BW)

Weitere Ermessensfehler sind nicht ersichtlich. Die Maßnahme (Einsatz des Pfeffersprays) war geeignet, erforderlich und angemessen.

Ergebnis

Der Einsatz des Pfeffersprays war rechtmäßig.

Fall 32
Betreten von Wohnungen zur Nachtzeit

Sachverhalt

Am 27.11.2023, gegen 23.00 Uhr, teilt Frau Lichtlein (L) dem Polizeirevier Ludwigsburg mit, dass in der Hohenrainstr. in Ludwigsburg bei Familie Schraap unhaltbare Zustände herrschen würden. Auf Nachfrage berichtet die Nachbarin L Folgendes:

„Familie Schraap ist erst seit zwei Jahren unser Nachbar. Sie bewohnt eine Fünfzimmerwohnung zur Miete im Erdgeschoss eines Dreifamilienhauses. In der Familie sind drei Kinder im Alter von vier, sechs und neun Jahren.

Kurz nach dem Einzug musste der Mann wegen verschiedener Einbrüche ins Gefängnis. Von da an ging es noch steiler bergab.

Die knapp 30-jährige Mutter, Silvia Schraap (S), schrie nur noch mit ihren Kindern herum und hat diesen unzumutbare Aufträge erteilt. So gingen die damals zwei- und vierjährigen Töchter allein und bei Dunkelheit mit dem Hund der Familie „Gassi" und hatten Probleme, sicher die Hauptstraße zu überqueren. Der neunjährige Junge Daniel wird von der Mutter geschlagen und beleidigt, weil er bei den Hausaufgaben Schwierigkeiten hat.

Die Mutter war auch schon die ganze Nacht weg und an ihrer Stelle war ihr etwa 20-jähriger Bruder bei den Kindern, der dann überwiegend auf dem Balkon stand, mit dem Bier in der Hand. S trinkt immer öfter Alkohol. Dann schreit sie noch lauter herum, oft auch in obszöner Weise.

Heute Abend war sie bereits gegen 18 Uhr *„gut gesattelt"*. Seitdem hörte ich sie herumschreien, die Musik laut und der Gipfel war, dass sie kurz vor 22 Uhr aus dem geöffneten Fenster gekotzt hat.

Irgendeine Flasche ist aus dem Fenster gefallen, denn durch das Klirren bin ich eigentlich erst aufmerksam geworden. Ich dachte zuerst an Einbrecher.

Ich glaube, S liegt total betrunken in der Wohnung. Das jüngste Kind weint seit einer Stunde und lief gegen 21 Uhr bei dieser Kälte barfuß und nur mit einem Shirt bekleidet auf der Straße herum. Der Bruder des Mädchens hat es dann zurück ins Haus geholt.

Ich habe Angst, dass den Kindern etwas passiert, denn mir ist aufgefallen, dass Frau S zwei Kerzen eines Adventsgestecks brennen hat. So wie ich es sehen kann, brennen diese immer noch. Diese Frau ist mit allem überfordert. Aber so schlimm wie heute war es schon lange nicht mehr. Evtl. hat sie sich betrunken, weil öfters der Gerichtsvollzieher gekommen ist.

Bitte kommen Sie schnell, bevor Schlimmeres passiert!"

Auf Klingeln an der Wohnadresse öffnet ein kleines Mädchen der Streife PMin Mayer (M) und POK Burkhardt (B) die Wohnungstüre.

Als das Mädchen die Polizisten als solche erkennt, rennt es sofort in die Wohnung zurück. Da auf Rufen niemand erscheint, betritt die Streife die Wohnung, um nach der darin vermuteten betrunkenen Mutter und den evtl. hilflosen Kindern zu suchen. Im Kinderzimmer schlafen auf dem Boden ein Junge und ein Mädchen. Beide scheinen übermüdet auf dem Boden vor dem Fernseher eingeschlafen zu sein. Im Wohnzimmer sind keine Personen. M löscht die noch brennenden Kerzen auf dem Adventsgesteck. Im Schlafzimmer sitzt das jüngste Mädchen neben der S auf dem Bett. Die S schläft ebenfalls und ist kaum wachzukriegen. Sie riecht nach Alkohol und ist nicht einmal verwundert, wie die Polizei in ihre Wohnung kam. Auf Nachfrage bestätigt sie, S zu sein. Als sie aufzustehen versucht, fällt sie sofort wieder zurück auf das Bett. Es fällt ihr schwer, klare Gedanken zu fassen. M und B veranlassen alle weiteren notwendigen Maßnahmen.

Aufgabe

Prüfen Sie, ob das Betreten der Wohnung durch M und B rechtmäßig war!

Lösungsvorschlag

1. Ermächtigungsgrundlage

Da mit dem Betreten der Wohnung in Grundrechte (Art. 13 Abs. 1 GG) eingegriffen wird, bedarf es einer gesetzlichen Ermächtigungsgrundlage (vgl. Art. 13 Abs. 7 GG). Ein wie auch immer geartetes Einverständnis zum Betreten wurde nicht erteilt. Als Ermächtigungsgrundlage kommt § 36 Abs. 1 Satz 2 PolG BW in Betracht.

2. Formelle Rechtmäßigkeit

Die Maßnahme müsste zunächst formell rechtmäßig sein. Da es sich beim vorliegenden Betreten der Wohnung um einen Realakt handelt, ist nur die Zuständigkeit von B und M zu prüfen.

Die sachliche Zuständigkeit ergibt sich aus § 105 Abs. 3 PolG BW in Verbindung mit § 36 PolG BW. Die örtliche Zuständigkeit ergibt sich aus §§ 120, 121 PolG BW.

3. Materielle Rechtmäßigkeit

Das Betreten der Wohnung (hier handelt es sich zweifellos um eine Wohnung) erfolgte zur Nachtzeit (nach 23.00 Uhr und damit in der Zeit zwischen 21.00 und 6 Uhr; vgl. § 36 Abs. 4 PolG BW) und müsste auch materiell rechtmäßig gewesen sein, das heißt die Tatbestandsvoraussetzungen des § 36 Abs. 1 Satz 2 PolG BW müssten vorgelegen haben und die richtige Rechtsfolge müsste gewählt worden sein.

3.1 Tatbestandsvoraussetzungen und Rechtsfolge der Rechtsgrundlage

Tatbestandlich ist das Betreten einer Wohnung während der Nachtzeit nur zur Abwehr einer gemeinen Gefahr, einer Lebensgefahr oder einer schweren Gesundheitsgefahr für einzelne Personen zulässig.

Laut Sachverhalt ist die S durch die Alkoholisierung nicht mehr in der Lage, auf ihre Kinder aufzupassen und durch das unbeaufsichtigte Brennen der Kerzen besteht eine hohe Brandgefahr. Damit gehen zumindest eine Lebensgefahr als auch eine schwere Gesundheitsgefahr einher.

Lebensgefahr besteht, wenn der Tod eines Menschen hinreichend wahrscheinlich ist.

Eine schwere Gesundheitsgefahr liegt vor, wenn mit einer erheblichen und nachhaltigen, nicht nur vorübergehenden Körperverletzung zu rechnen ist.

Aufgrund der gegebenen Tatbestandsvoraussetzungen betreten M und B die Wohnung. Betreten umfasst das Eintreten, notfalls das gewaltsame

Eindringen, das Verweilen und das Treffen von Feststellungen durch einfache Um- und Nachschau in Wohnungen.

3.2 Adressat

Die S müsste polizeipflichtig, das heißt taugliche Adressatin der Maßnahme sein. Adressaten polizeilicher Maßnahmen können Verhaltensstörer (§ Abs. 1 PolG BW), Zustandsstörer (§ 7 PolG BW) oder subsidiär Nichtstörer (§ 9 Abs. 1 PolG BW) sein.

Die S als verfügungsberechtigte Wohnungsinhaberin war als Verhaltensstörerin gemäß § 6 Abs. 1 PolG BW taugliche Adressatin der Maßnahme, denn durch ihr Verhalten (Verletzung der Aufsichts- und Fürsorgepflichten in Bezug auf ihre Kinder, unbeaufsichtigtes Abbrennen von Kerzen) hat sie die Ursache für die oben genannte Störung gesetzt.

3.3 Grundsatz der Verhältnismäßigkeit

Die Entscheidung von M und B, die Wohnung der S zu betreten, müsste auch verhältnismäßig erfolgt sein. Dies war hier unzweifelhaft der Fall. Das Betreten war zur Beseitigung der Gefahr geeignet. Auch war das Betreten der Wohnung erforderlich. Eine andere Maßnahme wäre nicht zielführend. Das Betreten war auch angemessen. Der Eingriff in das Grundrecht aus Art. 13 Abs. 1 GG ist zur Abwehr der genannten Gefahren (Lebensgefahr und schwere Gesundheitsgefahr) gerechtfertigt (vgl. Art. 13 Abs. 7 GG).

3.4 Ermessensausübung

Die Maßnahme der M und des B erging ermessensfehlerfrei. Zur Abwehr der oben genannten Gefahren musste die Wohnung betreten werden. Das Ermessen war hier auf Null reduziert.

Ergebnis

Das Betreten der Wohnung war rechtmäßig.

Fall 33
Gewahrsam, Androhung Schusswaffengebrauch gegen Person

Sachverhalt

Am 27.09.2023 befinden sich POK Bader (B) und POM Holl (H) während eines Nachtdienstes auf Streifenfahrt. Gegen 22.30 Uhr erhalten sie über Funk folgenden Auftrag:

„Fahren Sie in die Schneeberger Straße 32. Von dort wurde soeben durch den Hausmeister des Mehrfamilienhauses, Herrn Ludwig Leicht (L), eine Streitigkeit gemeldet. Klären Sie den Sachverhalt und treffen Sie die erforderlichen Maßnahmen."

Beim Eintreffen hört man aus dem Gebäude lautes Geschrei. Vor dem Haus treffen B und H den Hausmeister L, der Ihnen zuruft:

„So geht das schon seit Wochen, der Siegmar Stojeck (S) aus dem zweiten Stock dreht noch vollends ab! Wir haben uns wieder heftig gestritten, da er nun zum x-ten Male den Sicherungshauptschalter abgekippt und den Strom ausgeschaltet hat. Im ganzen Haus ist jetzt der Strom ausgefallen. Da passiert noch etwas Schlimmeres, so wie der sich in der letzten Zeit verhalten hat."

Auf Nachfrage teilt L mit, dass S in letzter Zeit häufig so herumgetobt habe. Außerdem falle ihm auf, dass der Mann seit Wochen starken Gefühlsschwankungen unterliege und teilweise gefährlich aggressiv werde. S habe ihn auch immer wieder wegen Lappalien angeschrien.

An der Wohnungstür öffnet eine verängstigte Frau die Tür. Frau Kerstin Stojeck (K) äußert, dass ihr 40-jähriger Ehemann heute Morgen ausgesprochen niedergeschlagen und sehr traurig gewesen sei. Gegen Abend wollte er unbedingt eine Hausparty mit Kerzenschein feiern. Nachdem aber alle Hausbewohner dankend abgelehnt hatten, fing er vor ca. einer halben Stunde an, wieder „*auszurasten*". Er habe ihr gegenüber geäußert, dass sie keine Hilfe mehr für ihn sei und „*weg gehöre*". Außerdem sei es zum Streit mit dem Hausmeister Leicht gekommen, weil er sich durch den Elektrosmog bedroht und von elektromagnetischen Wellen verfolgt fühle.

Die Beamten gehen in das Wohnzimmer und stellen fest, dass S teilnahmslos auf der Couch sitzt. Zunächst verhält er sich sehr ruhig. Als B und H den S aber auf das Geschehene ansprechen, greift er hinter sich, zieht unter dem Kissen ein Samuraischwert hervor, nimmt eine drohende

Körperhaltung ein und schreit: *„Verschwindet, raus aus meiner Wohnung, sonst steche ich Euch ab wie die Schweine!“*

Während H noch versucht, beruhigend auf ihn einzuwirken, kommt S unvermittelt einen Schritt auf B zu. Daraufhin droht der B ihm den Schusswaffengebrauch an: *„Schwert weg oder ich schieße*!“ Gleichzeitig nimmt der B seine Dienstwaffe aus der entschlossenen Sicherungshaltung in die entschlossene Schießhaltung.

Der S lässt sofort das Schwert fallen und kann überwältigt werden. Nach Durchführung aller erforderlichen Maßnahmen vor Ort wird ihm der Gewahrsam erklärt und der S zur Dienststelle verbracht.

Hier bekommt S einen Schweißausbruch und ein hochrotes Gesicht, bevor er zu weinen anfängt und nervös äußert, dass er bei nächster Gelegenheit Schluss mit seinem verkorksten Leben machen werde. B und H sind ununterbrochen damit befasst, auf den S einzureden, um ihn zu beruhigen. Nach Beurteilung der gesamten Situation und der Durchführung der notwendigen Maßnahmen wird S nach ca. 1,5 Stunden in das nächstgelegene Zentrum für Psychiatrie verbracht.

Aufgabe

Prüfen Sie die Rechtmäßigkeit des Festhaltens des S auf der Dienststelle und die Rechtmäßigkeit des Androhens des Gebrauchs der Schusswaffe!

Lösungsvorschlag zur Rechtmäßigkeit des Festhaltens des S auf der Dienststelle

Da es sich durch die angegebene Dauer um eine freiheitsentziehende Maßnahme und damit um einen Eingriff in Art. 2 Abs. 2 Satz 2 GG handelt, bedarf es einer entsprechenden Ermächtigungsgrundlage.

1. Ermächtigungsgrundlage

Als Ermächtigungsgrundlage kommt § 33 Abs. 1 Nr. 1 PolG BW in Form des Präventivgewahrsams in Betracht. Zwar könnte man aufgrund des Verhaltens des S auf der Dienststelle auch an einen Schutzgewahrsam im Sinne von § 33 Abs. 1 Nr. 2c PolG BW denken, aber die Beamten erklären dem S den Gewahrsam, weil sie befürchten, er könne seinem Umfeld etwas antun, und nur dies ist entscheidend, da es ausschließlich auf die Ex-ante-Sicht zum Zeitpunkt der Ergreifung der Maßnahme ankommt.

2. Formelle Rechtmäßigkeit

Die Maßnahme müsste zunächst formell rechtmäßig sein.

2.1 Zuständigkeit

B und H müssten zunächst sachlich und örtlich zuständig sein.

2.1.1 Sachliche Zuständigkeit

Die sachliche Zuständigkeit ergibt sich aus § 105 Abs. 3 PolG BW in Verbindung mit § 33 PolG BW.

2.1.2 Örtliche Zuständigkeit

Die örtliche Zuständigkeit ergibt sich aus §§ 120, 121 PolG BW.

2.2 Verfahren

Beim Gewahrsam handelt es sich um einen (Dauer-)Verwaltungsakt nach § 35 Satz 1 LVwVfG. Dieser wird wirksam, wenn er dem Betroffenen gegenüber bekannt gegeben wird (§§ 41, 43 LVwVfG). Ein bestimmtes Formerfordernis besteht nicht (vgl. § 37 Abs. 2 LVwVfG). Einer Begründung bedarf es bei der mündlichen Erklärung über die Ingewahrsamnahme nicht (vgl. § 39 Abs. 1 LVwVfG).

Eine Anhörung war in diesem Fall nach § 28 Abs. 2 Nr. 1 LVwVfG entbehrlich. Selbst im Falle der Nichtentbehrlichkeit führt eine Nichtanhörung nicht zur Rechtswidrigkeit der Maßnahme, weil die Anordnung gemäß § 45 Abs. 1 Nr. 3 LVwVfG nachgeholt werden kann.

2.3 Richtervorbehalt (Art. 104 Abs. 2 Satz 1 GG, § 33 Abs. 3 Satz 3 PolG BW)

Grundsätzlich obliegt die Anordnung einer Freiheitsentziehung dem Richter. Beim Gewahrsam handelt es sich um eine freiheitsentziehende Maßnahme. Gemäß § 33 Abs. 3 Satz 3 PolG BW ist unverzüglich eine richterliche Entscheidung über die Zulässigkeit und die Dauer eines Gewahrsams herbeizuführen. Gemäß § 33 Abs. 3 Satz 4 PolG BW bedarf es einer Herbeiführung einer richterlichen Entscheidung nicht, wenn anzunehmen ist, dass die Entscheidung erst nach Wegfall des Grundes des Gewahrsams ergehen würde.

Hier ist von einem solchen Fall auszugehen. Zum einen sind die Beamten laut Sachverhalt permanent beschäftigt, auf den S einzureden, um ihn zu beruhigen, zum anderen soll eine psychisch kranke Person so schnell wie möglich im Rahmen der fürsorglichen Aufnahme im ZfP untergebracht werden. Insofern liegen Umstände vor, bei denen von einer schuldhaften Verzögerung keine Rede sein kann. Zwar könnte rein theoretisch schon auf der Fahrt zur Dienststelle eine solche Entscheidung herbeigeführt werden, aber: Der eigentliche Transport in einem Polizeifahrzeug dürfte für sich gesehen noch nicht Teil der freiheitsentziehenden Maßnahme sein, sodass für die Herbeiführung einer richterlichen Entscheidung zu diesem Zeitpunkt noch keine Notwendigkeit besteht, zumindest so lange nicht, wie es sich nicht um einen ungewöhnlich langen Transportvorgang handelt.

2.4 Bekanntgabe des Grundes der Maßnahme und der dagegen zulässigen Rechtsbehelfe (§ 33 Abs. 2 PolG BW)

Von der Einhaltung dieser Verfahrensvorschriften ist auszugehen. Selbst wenn diese nicht eingehalten worden sind, berührt dies die Rechtmäßigkeit der Maßnahme selbst nicht (vgl. VG Freiburg, Beschluss vom 9. November 2020 – 4 K 2926/20 –, juris zur vergleichbar gelagerten Situation, dass eine schriftliche Bestätigung der Beschlagnahmeanordnung zu Unrecht unterblieben ist).

Zwischenergebnis

Das Festhalten des S auf der Dienststelle (einschließlich des Transportes dahin) war formell rechtmäßig.

3. Materielle Rechtmäßigkeit des Festhaltens auf der Dienststelle

3.1 Tatbestandsvoraussetzungen und Rechtsfolge

Die Polizei nimmt den S gemäß § 33 Abs. 1 Nr. 1 PolG BW in Präventivgewahrsam. Dies erfordert nach dem Wortlaut der Norm eine nicht auf andere Weise zu verhindernde unmittelbar bevorstehende erhebliche Störung der öffentlichen Sicherheit (Verhinderungsgewahrsam) oder eine nicht auf andere Weise zu beseitigende bereits eingetretene erhebliche Störung der öffentlichen Sicherheit (Beseitigungsgewahrsam).

- **Erhebliche Gefahr (hier fälschlich als Störung bezeichnet) für die öffentliche Sicherheit**

  Hier steht die Verhinderung weiterer Aggressionen des S im Raum, weshalb die Abwehr einer erheblichen Gefahr für die öffentliche Sicherheit zu prüfen ist.

  Die öffentliche Sicherheit umfasst den Schutz der Unverletzlichkeit der objektiven Rechtsordnung, den Schutz der subjektiven Rechte und Rechtsgüter des Einzelnen sowie den Schutz des Bestandes des Staates und sonstiger Träger der öffentlichen Gewalt, ihrer Einrichtungen und Veranstaltungen. Betroffen sind hier in erster Linie die Individualrechtsgüter Leben und körperliche Unversehrtheit der K und anderer Hausbewohnerinnen und Hausbewohner. Immerhin ist der S im Besitz eines Samuraischwertes und offenbar auch gewillt dies einzusetzen. Es liegt also nahe, dass er seine Aggressionen noch steigert, was auch dadurch deutlich wird, dass er der Polizei gegenüber äußert, seine Frau *„gehöre weg"*.

  Die Gefahr ist auch erheblich. Eine erhebliche Gefahr ist immer dann gegeben, wenn ein bedeutsames Rechtsgut bedroht ist. Bedeutsame Rechtsgüter sind vor allem das Leben und die körperliche Unversehrtheit. Diese beiden Rechtsgüter sind hier bedroht.

  Die erhebliche Gefahr muss auch unmittelbar bevorstehen. Eine Gefahr steht unmittelbar bevor, wenn der Schadenseintritt nach allgemeiner Lebenserfahrung sofort oder in allernächster Zeit als gewiss anzusehen ist.

  Der S unterliegt starken Gefühlsschwankungen und bedroht mit dem Schwert auch die Beamten. Es ist als gewiss anzusehen, dass er bereit ist, sofort die Gefährdungen für das Leben und die körperliche Unversehrtheit seiner Ehefrau, der übrigen Hausbewohner und auch der eingesetzten Beamten zu verwirklichen.

- **Auf andere Weise**

  Das Tatbestandsmerkmal „*auf andere Weise*" soll verdeutlichen, dass der Gewahrsam aufgrund seines eingriffsintensiven Charakters immer nur „*Ultima Ratio*" sein kann. Es ist also danach zu fragen, ob der Polizei weniger eingriffsintensive, aber gleich effektive Mittel zur Verfügung stehen. Zu denken wäre hier insbesondere an einen Platzverweis (§ 30 Abs. 1 PolG BW) bzw. an einen Wohnungsverweis (§ 30 Abs. 3 PolG BW) und dessen anschließende Vollstreckung. Aber: Bei S ist die Einsichts- und Steuerungsfähigkeit so stark eingeschränkt, dass sein weiteres Verhalten unberechenbar ist. Die Polizei muss also damit rechnen, dass der S nach Beendigung der angedachten Maßnahmen wieder in die Wohnung zurückkehrt und die genannten Gefahren wieder aufleben, sodass nur durch die Ingewahrsamnahme die entstandene erhebliche Gefahr effektiv abgewehrt werden kann.

  In der Rechtsfolge des § 33 Abs. 1 PolG BW ist vorgesehen, dass die Polizei eine Person in Gewahrsam nehmen kann.

3.2 Adressat

Der S müsste polizeipflichtig, das heißt tauglicher Adressat der Maßnahme sein. Adressaten polizeilicher Maßnahmen können Verhaltensstörer (§ 6 Abs. 1 PolG BW), Zustandsstörer (§ 7 PolG BW) oder subsidiär Nichtstörer (§ 9 Abs. 1 PolG BW) sein.

Der S ist Verhaltensstörer, da er durch sein Verhalten bewusst (oder unbewusst) eine Gefährdung der öffentlichen Sicherheit hervorgerufen hat.

3.3 Grundsatz der Verhältnismäßigkeit (§ 5 PolG)

Die Ingewahrsamnahme des S war auch verhältnismäßig.

Sie ist zweifelsfrei geeignet, um die Gefahr abzuwehren. Sie war auch erforderlich (s. o.) und vor allem angemessen. Zwar wird in das Grundrecht aus Art. 2 Abs. 2 Satz 2 GG (Unverletzlichkeit der persönlichen Freiheit) eingegriffen, dieser Eingriff ist aber aufgrund der unmittelbar bevorstehenden Bedrohung der Rechtsgüter Leben und körperliche Unversehrtheit der K und der übrigen Hausbewohner gerechtfertigt. Die genannten Rechtsgüter sind verfassungsrechtlich gleichwertig und durch S bedroht. Er setzt also zurechenbar die Ursache der Gefahr und folglich ist es nicht zu beanstanden, dass er deswegen in seinen Grundrechten eingeschränkt wird.

3.4 Ermessensausübung

Die Beamten müssten letztlich das ihnen eingeräumte Ermessen fehlerfrei ausgeübt, insbesondere verhältnismäßig gehandelt haben.

Hinsichtlich des Entschließungsermessens ist von einer Ermessensreduzierung auf Null auszugehen. Die Beamten mussten einschreiten, um Gefahren für das Leben und die körperliche Unversehrtheit der K und der übrigen Hausbewohner abzuwehren.

Lösungsvorschlag zur Androhung des Schusswaffengebrauchs

Die Androhung des Schusswaffengebrauchs ist Teil der Anwendung unmittelbaren Zwangs. Nach § 64 Abs. 1 PolG BW ist unmittelbarer Zwang jede Einwirkung auf Personen oder Sachen, auch der Gebrauch von Waffen. Nach § 66 Abs. 2 PolG BW ist die Anwendung unmittelbaren Zwangs vorher – soweit es die Umstände zulassen – anzudrohen. Die Androhung ist also ein vorgelagerter Teil der Anwendung unmittelbaren Zwangs, hier in Form des Schusswaffengebrauchs gegenüber Personen, sodass es auf dessen Rechtmäßigkeit ankommt. Mit anderen Worten: Der Gebrauch der Schusswaffe darf nur angedroht werden, wenn auch der Schusswaffengebrauch selbst rechtmäßig wäre, was nachfolgend zu prüfen ist.

1. Ermächtigungsgrundlage

Da mit dem Gebrauch der Schusswaffe gegenüber Personen ein erheblicher Grundrechtseingriff verbunden ist, bedarf es einer Ermächtigungsgrundlage für die Anwendung unmittelbaren Zwangs.

Die Ermächtigungsgrundlage ergibt sich aus den §§ 63 Abs. 2, 64 ff. PolG BW i. V. m. §§ 2 ff. LVwVG.

2. Formelle Rechtmäßigkeit der Vollstreckungsmaßnahme

Die Anwendung unmittelbaren Zwangs durch den Gebrauch der Schusswaffe müsste zunächst formell rechtmäßig sein.

2.1 Sachliche Zuständigkeit

Für die Anwendung unmittelbaren Zwangs ist nach § 65 PolG BW der Polizeivollzugsdienst sachlich zuständig. Die örtliche Zuständigkeit ergibt sich im Übrigen ganz klassisch aus §§ 120, 121 PolG BW.

2.2 Anhörung

Die Androhung ist für sich gesehen auch ein selbstständiger VA (str.). Von einer Anhörung kann hier nach § 28 Abs. 2 Nr. 5 LVwVfG abgesehen werden.

2.3 Androhung

Die Anwendung unmittelbaren Zwangs hat im Gegensatz zur Androhung für sich gesehen den Charakter eines Realaktes. Seine Anwendung ist – außer bei Gefahr im Verzug – vorher gemäß § 66 Abs. 2 PolG BW anzudrohen. Die Androhung soll dem Adressaten der Grundverfügung (hier: „*Schwert weg*"), signalisieren, dass ihm im Falle der Missachtung Nachteile drohen, um ihm so Gelegenheit zu geben, der Anweisung Folge zu leisten. Die Androhung ist hier erfolgt. Die Androhung konnte mündlich ergehen.

3. Materielle Rechtmäßigkeit

Der Gebrauch der Schusswaffe müsste für sich gesehen auch materiell rechtmäßig sein.

3.1 Allgemeine Vollstreckungsvoraussetzungen

Zunächst müssten die allgemeinen Vollstreckungsvoraussetzungen vorgelegen haben.

3.1.1 Vorliegen eines VA i. S. d. § 35 LVwVfG

Bei der Weisung, dass Schwert wegzulegen handelt es sich zweifellos um einen Verwaltungsakt im Sinne des § 35 Satz 1 LVwVfG.

3.1.2 Wirksamkeit des VA

Der Verwaltungsakt wurde auch durch die mündliche Bekanntgabe wirksam (§§ 37 Abs. 2, 41, 43 LVwVfG) und war bestimmt genug (§ 37 Abs. 1 LVwVfG).

3.1.3 Kein Rechtmäßigkeitserfordernis

Die Rechtmäßigkeit der Vollstreckung hat nach der Rspr. des BVerwG nicht die Rechtmäßigkeit der Grundverfügung zur Voraussetzung (vgl. auch § 2 LVwVG, die Rechtmäßigkeit ist dort nicht genannt).

3.1.4 Vollstreckbarkeit des VA

Der Verwaltungsakt ist auch vollstreckbar, da auf die Voraussetzung des § 2 Nr. 1 LVwVG nach § 21 LVwVG bei Gefahr im Verzug (lag hier unzweifelhaft vor) verzichtet werden kann. Dann kommt es auf § 2 Nr. 2 LVwVG nicht mehr an („*oder*“).

3.2 Auswahl des Zwangsmittels und dessen besondere Rechtmäßigkeitsanforderungen

Es müsste das richtige Zwangsmittel gewählt worden sein und dessen Rechtmäßigkeitsanforderungen müssten erfüllt sein.

3.2.1 Auswahl des Zwangsmittels

Hier liegt eine unvertretbare Handlung vor, sodass die Anwendung unmittelbaren Zwangs in Betracht kommt.

3.2.2 Besondere Rechtmäßigkeitsanforderungen des UZW nach §§ 63 Abs. 2, 66ff. PolG BW

In diesem Prüfungspunkt sind die besonderen Rechtmäßigkeitsanforderungen an den UZW zu prüfen.

3.2.2.1 Begriff des UZW

Unmittelbarer Zwang ist jede Einwirkung auf Personen und Sachen durch einfache körperliche Gewalt, Hilfsmittel der körperlichen Gewalt oder Waffengebrauch (§ 64 Abs. 1 PolG). Die Mittel des UZW sind in der VwV PolG (Hinweise zu § 50 Abs. 2 PolG) aufgeführt.

3.2.2.2 Besondere Voraussetzungen des UZW (§ 66 PolG BW)

Des Weiteren sind die besonderen Voraussetzungen des UZW nach § 66 PolG BW zu prüfen.

- **UZW als letztes Mittel (§ 66 Abs. 1 Satz 1 PolG BW)**

  Nach § 66 Abs. 1 Satz 1 PolG BW darf unmittelbarer Zwang nur angewandt werden, wenn der polizeiliche Zweck auf andere Weise nicht erreichbar erscheint. Auf andere Weise, bedeutet jeder geringere Eingriff als die Ausübung unmittelbaren Zwangs. Kommunikative Mittel in Form des Zuredens waren erfolglos. Andere Zwangsmittel waren ungeeignet, um den S aufzuhalten.

- **UZW vorrangig gegen Sachen (Sachvorrang nach § 66 Abs. 1 Satz 1 PolG BW)**

  Nach § 66 Abs. 1 Satz 2 PolG BW darf unmittelbarer Zwang gegen Personen nur angewandt werden, wenn der polizeiliche Zweck durch unmittelbaren Zwang gegen Sachen nicht erreichbar erscheint.

  Laut Sachverhalt griff der S den Beamten mit einem Samuraischwert an, das er hinter einem Kissen bereithielt. Eine Abwehr, in der ihm das Schwert aus der Hand geschlagen wird, garantiert nicht das Erreichen des polizeilichen Zwecks, da es vom Zufall abhängig wäre, ob die Waffe tatsächlich getroffen wird. Die Polizei muss sich nicht um des milderen Mittels wegen auf einen „*Kampf mit ungewissem Ausgang*" einlassen.

- **Verhältnismäßigkeit (§ 66 Abs. 1 Satz 3 PolG BW)**

  Nach § 66 Abs. 1 Satz 3 PolG BW muss das angewandte Mittel nach Art und Maß dem Verhalten, dem Alter und dem Zustand des Betroffenen angemessen sein.

  Der Schusswaffengebrauch wäre angemessen, da ein Angriff mit einem Samuraischwert tödlich enden kann. Zudem zeigte sich der S unkooperativ gegenüber den Beamten. Das Alter des S lag weder im Jugend-, noch im Greisenalter, was eine besondere Abwägung des Schusswaffengebrauchs nach sich ziehen würde.

  Der Zustand des S war auffällig, da er alkoholisiert war, extrem aggressiv (konkrete Bedrohung der Beamten mit einem gefährlichen Gegenstand, der griffbereit und rasch verfügbar war) und zudem Anzeichen für psychische Krankheiten aufwies (Angst vor elektromagnetischen Wellen, gesamtes neurotisches Verhalten).

- **Übermaßverbot (§ 66 Abs. 3 PolG BW)**

  Das Übermaßverbot gemäß § 66 Abs. 3 PolG BW besagt, dass die Anwendung von UZW zu beenden ist, wenn der polizeiliche Zweck erreicht ist oder durch UZW nicht erreichbar erscheint.

  Im Sachverhalt reicht die Androhung bereits aus, sodass ein Verstoß gegen das Übermaßverbot nicht ersichtlich ist.

3.2.2.3 Besondere Voraussetzungen des Schusswaffengebrauchs (§ 67 PolG BW)

Die besonderen Voraussetzungen des Schusswaffengebrauchs müssten vorliegen.

- **Voraussetzungen des UZW (§ 67 Abs. 1 Satz 1 PolG BW)**

  Die Voraussetzungen des UZW liegen vor (s. o.).

- **Keine erfolgreichen oder erfolgversprechenden milderen Mittel (§ 67 Abs. 1 Satz 1 PolG BW)**

  Die Anwendung einfacher körperlicher Gewalt oder von Hilfsmitteln der körperlichen Gewalt war vorliegend aussichtslos, da der S bereits auf den B zukommt. Auch Hiebwaffen wären nicht erfolgversprechend. Eine Handlung, durch die dem S das Schwert mit einer Hiebwaffe aus der Hand geschlagen wird, garantiert nicht das Erreichen des polizeilichen Zwecks, da es vom Zufall abhängig wäre, ob die Waffe tatsächlich getroffen wird (s. o.).

- **Sachvorrang (§ 67 Abs. 1 Satz 2 PolG BW)**

  Nach § 67 Abs. 1 Satz 2 PolG BW darf auf Personen auch erst geschossen werden, wenn der polizeiliche Zweck – hier das Aufhalten des S – durch Waffeneinwirkung auf Sachen nicht erreicht werden kann. Die Einwirkung mit Waffen auf Sachen ist vorliegend nicht erfolgversprechend.

- **Keine Gefährdung Unbeteiligter (§ 67 Abs. 2 Satz 1 PolG BW)**

  Nach § 67 Abs. 2 Satz 1 PolG BW ist der Schusswaffengebrauch unzulässig, wenn Unbeteiligte mit hoher Wahrscheinlichkeit gefährdet werden. (Ausnahme: Schusswaffengebrauch ist das einzige Mittel zur Abwehr einer gegenwärtigen Lebensgefahr, § 67 Abs. 2 Satz 2 PolG BW).

  Da der S allein im Wohnzimmer ist, besteht keine Gefährdung Unbeteiligter.

3.2.2.4 Besondere zusätzliche Voraussetzungen des Schusswaffengebrauchs gegenüber Personen (§ 68 PolG BW)

Da hier ein Schusswaffengebrauch gegenüber einer Person im Raum steht, sind die besonderen tatbestandlichen Voraussetzungen des § 68 PolG BW zu prüfen.

Tatbestandlich ist vorliegend auf den Schusswaffengebrauch gegenüber Personen in Form des § 68 Abs. 1 Nr. 1a PolG BW abzustellen. Demnach ist der Schusswaffengebrauch gegenüber einzelnen Personen zulässig, um die unmittelbar bevorstehende und rechtswidrige Ausführung eines Verbrechens zu verhindern.

- **Rechtswidrige Tat in Form eines Verbrechens**

  Im SV droht der S damit, die Polizisten mit dem Schwert „*abzustechen*". Deshalb kann von einem Angriff ausgegangen werden. Der S geht einige Schritte auf die Beamten zu, weshalb mit einer konkreten schweren Gesundheitsgefahr oder Lebensgefahr für die Beamten gerechnet werden muss. Eine schwere Körperverletzung, ein Totschlag oder gar Mord, auch im Versuch, stellen Verbrechen dar. Der Angriff ist auch unter keinem Gesichtspunkt gerechtfertigt.

- **Unmittelbar bevorstehende Ausführung**

  Unmittelbar bevorstehen wird gefahrenabwehrrechtlich als sofort oder in allernächster Zeit definiert. Da der S konkrete Anstalten zum sofortigen Angriff machte, ist von einer unmittelbar bevorstehenden Ausführung auszugehen.

3.2.3 Abschließende Prüfung der Verhältnismäßigkeit (§ 5 PolG BW)

Gegenüber dem S als tauglichem Adressaten müsste in verhältnismäßiger Weise von der Schusswaffe Gebrauch gemacht worden sein.

- **Geeignetheit**

  Der Schusswaffengebrauch war geeignet, um den unmittelbar bevorstehenden Angriff abzuwehren.

- **Erforderlichkeit**

  Der Schusswaffengebrauch war auch erforderlich, insbesondere, weil die Einwirkung auf Personen unterhalb des Schusswaffengebrauchs offensichtlich keinen Erfolg verspricht. Einfache körperliche Gewalt und die Anwendung von Hilfsmitteln der körperlichen Gewalt versprachen aufgrund der unmittelbar bevorstehenden Bedrohung mit dem Schwert offensichtlich keinen Erfolg, ebenso wenig die Anwendung von Hiebwaffen (s. o.). Die Einwirkung mit Waffen auf Sachen ist ebenfalls nicht erfolgversprechend (s.o).

- **Angemessenheit**

  Der Schusswaffengebrauch war angemessen, da ein Angriff mit einem Samuraischwert tödlich enden kann. Zudem zeigte sich der S unkooperativ gegenüber den Beamten.

  Die Gefahr für Leib und Leben der eingesetzten Beamten konnte nicht anders abgewehrt werden, sodass eine Abwägung ergibt, dass der Eingriff in die Grundrechte des S zum Schutze der genannten Rechtsgüter und damit letztlich auch der Grundrechte der Beamten gerechtfertigt war. Zudem wurde die Anwendung des unmittelbaren Zwangs beendet, sobald der polizeiliche Zweck erreicht wurde und der S das Samuraischwert fallen ließ (s. o.).

Ergebnis

Die Androhung des Schusswaffengebrauchs war rechtmäßig.

Fall 34
Übungsfall zum JuSchG

Sachverhalt

Am 09.08.2023 sind PHM Walther (W) und PHM Frank (F) auf Streife im Stadtgebiet Horb. Von der Wache erhalten sie gegen 20.00 Uhr über Funk den Auftrag, an das Martin-Gerbert-Gymnasium zu fahren. Der Hausmeister hatte telefonisch zwei Personen, vermutlich Jugendliche, gemeldet, die seiner Meinung nach keine Schüler des Gymnasiums sind. Des Weiteren machte er am Telefon Angaben darüber, dass die beiden Jugendlichen Bier und Schnaps mit sich führen würden.

Bei Eintreffen stellen die Beamten zwei männliche Personen im Pausenhof sitzend fest, daneben stehen mehrere leere Flaschen Bier sowie eine halb volle Wodkaflasche. Eine durchgeführte Identitätsfeststellung ergibt, dass es sich bei den Personen um den 16-jährigen Milan Mann (M) und den 17-jährigen Gregor Glaser (G) handelt. Während der Identitätsfeststellung zündet sich G eine Zigarette an, was der W sofort untersagt und vom G auch befolgt wird.

M gibt Ihnen gegenüber glaubhaft an, nur eine Flasche Bier getrunken zu haben. Diese bekam er von G. Befragt nach der Herkunft des Wodkas sowie der Zigaretten, teilt der G mit, sein 22-jähriger Bruder Stefan Glaser (S) habe beides für ihn beschafft.

Aufgabe

Erläutern und begründen Sie sachverhaltsbezogen das Verhalten des S nach den jugendschutzrechtlichen Bestimmungen und nennen Sie mögliche vorliegende Verstöße.

Lösungsvorschlag

Das Verhalten des S bestimmt sich nach dem Jugendschutzgesetz (JuSchG), wenn dieses anwendbar ist. Dazu müsste es sich bei M und G um Kinder oder Jugendliche handeln. Da beide das 14. Lebensjahr vollendet haben, könnte es sich bei ihnen um Jugendliche handeln. Gemäß § 1 Abs. 1 Nr. 2 JuSchG sind Jugendliche Personen, die 14, aber noch nicht 18 Jahre alt sind.

Laut Sachverhalt handelt es sich bei M und G um Jugendliche, da diese zum Zeitpunkt der Kontrolle 16 bzw. 17 Jahre alt sind. Das JuSchG kann also grundsätzlich Anwendung finden.

Nach § 9 Abs. 1 Nr. 2 JuSchG dürfen in der Öffentlichkeit andere als in § 9 Abs. 1 Nr. 1 JuSchG genannte alkoholische Getränke an Jugendliche weder abgegeben noch darf ihnen der Verzehr gestattet werden.

Vom Begriff der Öffentlichkeit sind alle allgemein zugänglichen Straßen, Wege, Plätze, Anlagen und Passagen und Ähnliches erfasst sowie auch alle öffentlich zugänglichen Gebäude und Einrichtungen. Damit zählt auch der Schulhof zur Öffentlichkeit.

Laut Sachverhalt hat M zwar keinen Wodka getrunken, sehr wohl aber G (die Flasche ist halb voll). § 9 Abs. 1 Nr. 2 JuSchG erfasst andere alkoholische Getränke oder Lebensmittel. Der Rechtsbegriff „Branntwein" ist mit Inkrafttreten des Alkoholsteuergesetzes entfallen. Die Norm erfasst Alkohol und alkoholhaltige Waren nach § 1 Abs. 6 und 7 AlkoholsteuerG, also auch weiterhin Branntwein und damit auch Wodka.

Durch Möglichkeit des Verzehrs des Wodkas in der Öffentlichkeit liegt ein Verstoß gegen § 9 Abs. 1 Nr. 2 JuSchG vor. Ein Verstoß gegen § 9 Abs. 1 Nr. 1 JuSchG durch den Bierkonsum liegt nicht vor, da beide über 16 Jahre alt sind.

Nach § 10 Abs. 1 JuSchG dürfen in der Öffentlichkeit Tabakwaren an Jugendliche weder abgegeben noch darf ihnen das Rauchen gestattet werden.

Die Jugendlichen befinden sich in der Öffentlichkeit (s. o.). Laut Sachverhalt zündet sich G während der Kontrolle eine Zigarette an. Zigaretten sind Tabakwaren i. S. v. § 10 Abs. 1 JuSchG. Damit liegt ein Verstoß gegen § 10 Abs. 1 JuSchG vor.

Wodka und Zigaretten wurden laut Sachverhalt vom 22-jährigen S beschafft. Dieser handelt damit ordnungswidrig i. S. v. § 28 Abs. 4 i. V. m. Abs. 1 Nr. 10 JuSchG, weil er als Person über 18 Jahre ein Verhalten eines Jugendlichen herbeiführt oder fördert, das nach Abs. 1 Nr. 10 verhindert werden soll. Er hat nämlich den Wodka für seinen Bruder besorgt.

Ebenso handelt er ordnungswidrig nach § 28 Abs. 4 i. V. m. Abs. 1 Nr. 12 JuSchG, da er als Person über 18 Jahre ein Verhalten eines Jugendlichen herbeiführt oder fördert, das nach Abs. 1 Nr. 12 verhindert werden soll. Er hat nämlich die Zigaretten für seinen Bruder besorgt.

Ergebnis

S begeht damit zwei Ordnungswidrigkeiten:

§ 28 Abs. 4 i. V. m. Abs. 1 Nr. 10 JuSchG (alkoholische Getränke) und § 28 Abs. 4 i. V. m. Abs. 1 Nr. 12 JuSchG (Tabakwaren).

Fall 35
Außerordentliche Unterbringung nach PsychKHG

Sachverhalt

Am Abend des 12.12.2023 sind POM Wilhelm (W) und PHM Tell (T) in Nagold auf Streifenfahrt. Gegen 23.10 Uhr erhalten sie vom Wachhabenden den Auftrag, in die Sonnenbühlstraße 55 zu fahren. Dort hat Frau Hammer (H) unvermittelt und grundlos die Wohnungstür ihrer Nachbarin Frau Schreck (S) eingetreten, sie zunächst verbal bedroht und anschließend tätlich angegriffen. Anschließend sei sie aus der Wohnung der Frau Schreck hinausgerannt, hätte dabei geschrien und sei dann in ihre Wohnung zurückgekehrt.

Vor Ort treffen die Beamten auf eine unter Schock stehende S. Diese gibt Ihnen gegenüber an, dass sie erst vor wenigen Wochen in das Mehrfamilienhaus eingezogen ist. Jedoch wäre sie bereits von Nachbarn über die psychischen Ausnahmezustände der H informiert worden. Während des Gesprächs kommt die Nachbarin Unwohl (U) dazu und teilt mit, dass die H depressiv sei und dies schon seit langer Zeit. Deswegen sei sie auch schon in ambulanter psychiatrischer Behandlung gewesen. Während sich die Beamten bei weiteren Nachbarn informieren, kommt die H aus ihrer Wohnung auf die Beamten zugerannt und will diese ebenfalls angreifen. Dies kann nur durch einfache körperliche Gewalt verhindert werden. Aufgrund der Geschehnisse entschließen sich die Beamten, einen Arzt hinzuzuziehen. Dieser erachtet eine Zwangseinweisung in eine psychiatrische Klinik für notwendig. Während der ärztlichen Untersuchung verhält sich die H äußert renitent und versucht auch noch, den Arzt anzugreifen. Wegen der massiven Weigerung der H, sich in eine Fachklinik zu begeben, und der fortgesetzten Tätlichkeiten werden der H Handfesseln angelegt und sie wird ins ZfP Hiersau gebracht. Auch dort lässt sich die H nicht beruhigen. Deshalb wird sie nach Abnehmen der Handschließen gegen ihren Willen im Bett fixiert und von einem Arzt des ZfP Hirsau mit Medikamenten behandelt.

Aufgabe

Ist die sofortige Unterbringung der H materiell rechtmäßig?

Lösungsvorschlag

Da es sich hier um eine außerordentliche Unterbringung handelt, kommen die Bestimmungen des Gesetzes über Hilfen und Schutzmaßnahmen bei psychischen Krankheiten (Psychisch-Kranken-Hilfe-Gesetz, kurz: PsychKHG) zur Anwendung. Die außerordentliche Unterbringung richtet sich nach §§ 13ff. PsychKHG.

Als Ermächtigungsgrundlage für die Unterbringung der H kommt § 13 Abs. 1 PsychKHG in Betracht. Danach können Personen im Sinne von § 1 Nr. 1 PsychKHG gegen ihren Willen in einer nach § 14 PsychKHG anerkannten Einrichtung untergebracht werden, wenn sie unterbringungsbedürftig sind. Die Möglichkeit der sofortigen Unterbringung, also ohne vorherige Beantragung oder Anordnung, regelt § 16 Abs. 1 PsychKHG.

Damit die Unterbringung materiell rechtmäßig ist, müssten die Tatbestandsvoraussetzungen vorliegen und die richtige Rechtsfolge müsste gewählt sein.

3.1 Tatbestandsvoraussetzungen und Rechtsfolge der Ermächtigungsgrundlage

Tatbestandlich muss es sich um eine Person im Sinne von § 1 Nr. 1 PsychKHG handeln, die unterbringungsbedürftig ist.

- **Person im Sinne von § 1 Nr. 1 PsychKHG**

  Personen im Sinne von § 1 Nr. 1 PsychKHG sind Personen, die aufgrund einer psychischen Störung krank oder behindert sind.

  Die H leidet an Depressionen und ist aufgrund einer psychischen Störung krank. Dies zeigt sich vor allem daran, dass der hinzugezogene Arzt eine Zwangseinweisung in eine psychiatrische Klinik für notwendig erachtet.

- **Unterbringungsbedürftigkeit der H im Sinne von § 13 Abs. 3 PsychKHG**

  Unterbringungsbedürftig ist, wer infolge einer psychischen Störung nach § 1 Nr. 1 PsychKHG sein Leben oder seine Gesundheit erheblich gefährdet oder eine erhebliche gegenwärtige Gefahr für Rechtsgüter anderer darstellt, wenn die Gefährdung oder Gefahr nicht auf andere Weise abgewendet werden kann.

  Eine Gefahr besteht, wenn bei bestimmten Arten oder Verhaltensweisen oder Zuständen nach allgemeiner Lebenserfahrung oder fachlichen Kenntnissen mit hinreichender Wahrscheinlichkeit ein Schaden für die polizeilichen Schutzgüter im Einzelfall einzutreten pflegt. Eine Gefahr ist erheblich, wenn ein besonders bedeutsames Rechtsgut bedroht ist, also regelmäßig dann, wenn mit der Begehung von Straftaten zu rechnen ist. Gegenwärtig ist eine Gefahr, wenn der Schaden bereits eingetreten ist oder noch andauert.

Hier liegt eine erhebliche gegenwärtige Gefahr für die Rechtsgüter anderer vor (Fremdgefährdung). Zunächst hatte die H die Tür der S eingetreten und hat sie bedroht. Im weiteren Verlauf griff sie dann die Beamten und auch später noch den behandelnden Arzt tätlich an. Dadurch ist das besonders geschützte Rechtsgut der körperlichen Unversehrtheit durch das Verhalten der H betroffen. Auch das Eintreten der Tür der S und die Bedrohungen stellen eine solche erhebliche Gefahr dar. Dies ist auch gegenwärtig, da die H sich nicht beruhigen lässt und sogar fixiert werden muss. Die Fremdgefährdung durch die besonders aggressive H lässt sich auch nicht anderweitig als durch eine sofortige Unterbringung abwenden.

▶ **Unterbringung gegen den Willen der H**

Laut Sachverhalt weigert sich die H, sich zur Behandlung in eine Fachklinik zu begeben. Damit geschieht die Unterbringung gegen ihren Willen.

Da die Tatbestandsvoraussetzungen des § 13 Abs. 1 PsychKHG vorliegen, können die dort genannten Personen als Rechtsfolge gegen ihren Willen in einer nach § 14 Abs. 1 PsychKHG anerkannten Einrichtung untergebracht werden. Anerkannte Einrichtungen sind nach § 14 Abs. 1 PsychKHG die Zentren für Psychiatrie, die Universitätskliniken des Landes und das psychiatrische Krankenhaus des Zentralinstituts für Seelische Gesundheit in Mannheim und sonstige durch die Regierungspräsidien nach § 14 Abs. 2 PsychKHG zugelassene Einrichtungen.

Beim ZfP Hirsau handelt es sich um ein Zentrum für Psychiatrie (ZfP) und damit um eine anerkannte Einrichtung im Sinne von § 14 Abs. 1 PsychKHG.

3.2 Taugliche Adressatin

Die H ist als Person im Sinne von § 1 Nr. 1 PsychKHG taugliche Adressatin einer Unterbringung.

3.3 Grundsatz der Verhältnismäßigkeit

Zu prüfen ist, ob die sofortige Unterbringung verhältnismäßig war.

- **Geeignetheit**

  Die Unterbringung der H war geeignet, um der Fremdgefährdung durch die H wirksam zu begegnen.

- **Erforderlichkeit**

  Die Fremdgefährdung war auch nicht anders gleich effektiv abwendbar als durch die sofortige Unterbringung. Nach § 16 Abs. 1 PsychKHG ist eine Aufnahme psychisch Kranker in eine anerkannte Einrichtung nur sofort möglich, wenn die sofortige Unterbringung erforderlich erscheint und die Voraussetzungen für eine Unterbringung vorliegen. Dies liegt insbesondere dann vor, wenn bis zu einer Entscheidung des Gerichtes nicht abgewartet werden kann.

  Die Voraussetzungen der Unterbringung liegen vor. Die sofortige Unterbringung erscheint durch das weiterhin aggressive Verhalten der H erforderlich. Dieser Zustand der H lässt es nicht zu, bis zur Antragstellung durch die anerkannte Einrichtung oder die gerichtliche Entscheidung zuzuwarten.

- **Angemessenheit**

  Durch die Unterbringung wird erheblich in die Freiheit der Person im Sinne von Art. 2 Abs. 2 Satz 2 GG eingegriffen. Dieses Recht darf nur durch ein formelles Gesetz beeinträchtigt werden (vgl. § 104 Abs. 1 Satz 1 GG). Das PsychKHG ist ein solch formelles Gesetz. Mit der Unterbringungsmöglichkeit nach den Regelungen des PsychKHG sollen Personen, die aufgrund einer psychischen Störung krank oder behindert sind, vor der Verletzung eigener hochwertiger grundrechtlich besonders geschützter Güter (Leben, körperliche Unversehrtheit) geschützt werden (Eigengefährdung) oder die Fremdgefährdung besonders hochrangiger Rechtsgüter verhindert werden. Dieser Schutz rechtfertigt in einem solchen Fall wie dem vorliegenden einen Eingriff in die Freiheit der Person der H, um weitere Angriffe, insbesondere auf die S, zu verhindern.

3.4 Ermessensausübung

Weitere Ermessensfehler im Hinblick auf das Entschließungs- und Auswahlermessen sind nicht ersichtlich.

Ergebnis

Die Unterbringung der H war materiell rechtmäßig.

Hinweis

Bei der Unterbringung ist zwischen einer ordentlichen und einer außerordentlichen Unterbringung zu unterscheiden:

- Bei der ordentlichen Unterbringung beantragt die untere Verwaltungsbehörde beim zuständigen Betreuungsgericht (für erwachsene Personen) bzw. Familiengericht (für jugendliche Personen) unter Beifügung eines ärztlichen Zeugnisses des Gesundheitsamtes die Unterbringung einer Person.
- Bei der außerordentlichen Unterbringung handelt es sich fast ausschließlich um Fälle, in denen ad hoc (aktuell, aus einer bestimmten Situation heraus) eine Unterbringung aufgrund Eigen- oder Fremdgefährdung notwendig wird.

Der Polizeivollzugsdienst wird fast ausschließlich in Fällen der außerordentlichen Unterbringung tätig. Die Unterbringungsbedürftigkeit muss dabei durch einen Arzt festgestellt werden, der nicht der anerkannten Einrichtung angehört. Dies ergibt sich aus § 16 Abs. 2 PsychKHG: „*Die dringenden Gründe für die Annahme einer Krankheit und der Unterbringungsbedürftigkeit müssen vor der Aufnahme in der anerkannten Einrichtung durch ein ärztliches Zeugnis belegt werden, wenn der Einholung eines solchen Zeugnisses keine besonderen Gründe entgegenstehen. Ein besonderer Grund in diesem Sinne liegt insbesondere vor, wenn die vorherige Einholung eines ärztlichen Zeugnisses nicht ohne wesentlichen Aufschub möglich ist und hierdurch eine unmittelbare Gefahr für Rechtsgüter von erheblichem Gewicht der betroffenen oder einer dritten Person besteht.*"

Es darf also nur im Ausnahmefall auf ein ärztliches Zeugnis verzichtet werden.

Darüber hinaus bedarf die Unterbringung der richterlichen Anordnung bzw. Bestätigung (vgl. §§ 15, 16 PsychKHG). Dieses Erfordernis resultiert aus dem Grundgesetz (Art. 104 Abs. 2 Satz 1 GG). Da im Sachverhalt auch die Fixierung der H am Bett erwähnt ist, ist noch auf eine Entscheidung des Bundesverfassungsgerichts vom 24. Juli 2018 (BVerfG, Urteil vom 24. Juli 2018 – 2 BvR 309/15 –, BVerfGE 149, 293–345) hinzuweisen, wonach bei einer Fixierung immer dann von einer Freiheitsentziehung auszugehen ist, wenn es sich nicht nur um eine kurzfristige Maßnahme handelt. Eine Kurzfristigkeit soll nur vorliegen, wenn die Fixierung voraussichtlich nicht länger als ca. eine halbe Stunde andauert. Die Fixierung ist ein eigenständiger Eingriff in Art. 2 Abs. 2 Satz 2 GG, der nicht von der Unterbringung erfasst ist.